“十四五”时期国家重点出版物出版专项规划项目
2021年江苏省主题出版重点出版物

水利百年丛书

百年百“禹”

（第一辑）

丛书主编◎吴中如
唐洪武
徐 辉
本册主编◎郭继超

河海大学出版社
HOHAI UNIVERSITY PRESS
·南京·

图书在版编目(CIP)数据

百年百“禹”. 第一辑 / 郭继超主编. -- 南京 : 河海大学出版社, 2021.12

(水利百年丛书 / 吴中如,唐洪武,徐辉主编)

ISBN 978-7-5630-7430-3

Ⅰ. ①百… Ⅱ. ①郭… Ⅲ. ①水利系统—先进工作者—先进事迹—中国—现代 Ⅳ. ①K826.16

中国版本图书馆 CIP 数据核字(2022)第 026546 号

敬启读者:本书在编撰过程中,选取了一些图片,得到了图片摄影者的大力支持,但仍有少量图片联系不上作者,恳请相关作者在阅读本书后与我们联系(025—83787769),以便我们付酬致谢。

书　　名　百年百“禹”(第一辑)
　　　　　　BAI NIAN BAI “YU”(DI-YI JI)
书　　号　ISBN 978-7-5630-7430-3
策划编辑　朱婵玲
责任编辑　朱婵玲　成　微
特约编辑　陈丽茹　王　敏
特约校对　吴　淼
装帧设计　红骑士设计
出版发行　河海大学出版社
网　　址　http://www.hhup.com
地　　址　南京市西康路 1 号(邮编:210098)
电　　话　(025)83737852(总编室)
　　　　　　(025)83722833(营销部)
经　　销　江苏省新华发行集团有限公司
排　　版　南京布克文化发展有限公司
印　　刷　南京工大印务有限公司
开　　本　787 毫米×1092 毫米　1/16
印　　张　10.5
字　　数　148 千字
版　　次　2021 年 12 月第 1 版
印　　次　2021 年 12 月第 1 次印刷
定　　价　88.00 元

水利百年丛书

丛书主编◎吴中如
唐洪武
徐　辉

《百年百“禹”》(第一辑)
编写组

本册主编 ◎ 郭继超

本册副主编 ◎ 魏有兴　石　磊　王文涛

编写组成员 ◎ （按姓氏笔画）

王　益　刘月霞　杨　曦

吴其玥　吴卿凤　吴蕴惠

沈　倩　赵　军　赵　晔

夏　烨　蔡　红

前言

一百年，在时间的长河里不过是短暂的一瞬，但在人类社会的历史中却又是一段不短的历程。四千多年前，大禹开启了中华民族治水兴邦的文明史，自此历代禹之传人兴水利、除水患，踵事增华，薪火相传，谱写了无数可歌可泣的治水故事，树立了不可计数的治水丰碑。大禹、孙叔敖、西门豹、李冰等名字如星辰般灿烂，闪耀在华夏的天空，熠熠生辉；芍陂、郑国渠、引漳十二渠、都江堰、京杭大运河等著名水利工程不仅载入中华文明的煌煌史册，而且大多历经数千年还在造福世人。

历史的车轮驶入近代，李仪祉、郑肇经、汪胡桢、张含英等一批水利人在继承中国古代治水经验的基础上，积极吸纳近现代文明的技术成果，开启了中国近现代水利的新篇章。中华人民共和国成立后，水利作为国民经济的基础，在党和国家的领导下，取得了快速发展和辉煌成就，不仅各大江河的水患得到了根治，而且涌现出葛洲坝水利枢纽、三峡水利枢纽、黄河小浪底水利枢纽等一大批超级工程。这些水利枢纽工程变水害为水利，发挥了防洪、灌溉、发电、航运、旅游等综合利用效益。

江河作证，历史为凭，江河安澜——中华民族几千年的夙愿，只有在中国共产党领导下才得以真正的实现。2021 年是中国共产党成立 100 周年，中国近现代水利事业也已走过了 100 多年的发展历程。为回顾来路，绍继前贤，继承中华治水文明，弘扬水利精神、中国精神，河海大学精心组织策划了《水利百年丛书》。

《水利百年丛书》包括《百年百“工”》《百年百“禹”》两个系列。《百年百“工”》选取了我国百座典型水工程，通过对其开发建设管理和经济社会效益发挥的介绍，使读者对我国水工程百年艰辛发展历程和取得的辉煌成就有一个全面的认识，且兼顾了不同水工程的独特性，囊括了水利枢纽工程、引水工程、分洪工程、大型灌区、堤坝工程及港口工程等不同类型。

同时介绍了一大批各具特色的典型工程，例如锦屏一级、三峡、龙滩等一系列世界之最的水电站大坝工程，新安江水电站——我国首座自行勘测、设计、施工的大型水电站，等等。《百年百"禹"》(第一辑)主要收录了水利、水电、水运等领域部分院士、专家(出生于1949年之前)的光辉事迹(更多院士、专家的事迹我们将在后续辑册中展示)，为读者展现了百年来中国近现代"大禹"们的风采，他们学贯中西，业通古今，秉承"大禹精神"，心怀治水兴水宏愿，用汗水、智慧筑起大坝、电站、港口、码头，建起灌区，疏河通渠，在水利、水电、水运等各条战线上做出了不凡的业绩；他们怀着"功成不必在我、功成必定有我"的信念，身体力行，公而忘私，曾经历困顿却始终心向光明，内心深处始终燃烧着为水利事业奋斗的理想之火。

忆往昔，向未来。治水为民，千秋伟业。巍巍大坝，盛世良景。水利从来都是和民生密切相关，夯实水安全保障基础，增进民生福祉，不断增强人民群众获得感、幸福感、安全感，是水利部门、水利工作者的责任和使命。当前，我国水安全形势依然严峻，水利工作者一定要贯彻落实习近平总书记"节水优先、空间均衡、系统治理、两手发力"的治水兴水新思想、新思路、新要求，统筹做好水灾害防治、水资源节约、水生态保护修复、水环境治理等工作，不断加快流域保护治理体系提档升级，完善防洪减灾体系、水资源综合利用体系、水生态环境保护体系、流域综合管理体系，全力保障国家水安全。

百年来，我国水利事业的发展历程见证了中国共产党如何带领中国人民走向繁荣，走向富强，铭记了大国重器如何护佑江河安澜、助力经济发展、创造美好生活。在这百年中，水利人风雨兼程，只为民族复兴；在这百年中，水利人不忘初心，唯为造福人民。这一个个名字，在中国水利建设史和发展史上闪耀着永远的光芒，代表着水利精神、民族栋梁；这一个个雄伟的水利工程，巍然屹立于江河之中，代表着国家力量、人民智慧，彰显着中国精神、中国自信。

大禹精神，包含了济世情怀、奋斗精神、创新追求、科学态度、开放胸襟。一代代杰出水利人的生平和事迹，正是"大禹精神"最生动的写照，一座座重大水利工程，是中国"大禹治水"的不朽丰碑，永远是后人汲取力量的源泉、学习奋进的榜样。

《水利百年丛书》是讲好中国水利人的故事，弘扬水利精神、中国精神，彰显中国力量、中国自信的有益尝试，既符合时代的主题，又具有现实的意义。我们祈愿，以这套丛书为起点，不断萌发、开花、结果，直至蔚为大观。

编写组

2021年2月

目录

武同举

——利济施仁泽

■ 1906 年，海州遭遇洪灾。武同举"目击惨状，以为水祸之烈，胡已至此"。他紧急搜集了各种地图，做好了制作一份完整的州域水道图以供研究的准备。"水祸之烈"，坚定了他从事水利工作、造福桑梓的信念。

武同举

武同举(1871—1944)，字霞峰，别号两轩、一尘，海州灌云县南城镇(今江苏连云港)人。他是我国晚清至中华民国时期著名的水利学专家，也是我国最早研究沂、沭、泗流域水利问题的专家。

武同举祖籍湖南省桃源县，后其先祖迁至海州南城担任镇守南城的武将。他少年时期家境贫寒，为了谋生，发愤学习，进取功名。

武同举曾任海州直隶州通判，分管粮食运输及农田水利事务。1904 年，任海州劝学所主任兼学务总董，开展了海州平面图测角工作，并将测量成果付诸石印。1914 年，他参与了海州港口勘察，写成《测勘海州港口向导记》，为陇海铁路的选线和港址定位提供了宝贵的数据资料。

武同举曾是我国第一个地理学术团体——中国地理学会的会员，曾担任《江苏水利协会杂志》主编，他著述颇丰，发表了很多文章，如《淮水图表说明》《导淮入江入海刍议》《江北运河为水道系统论》等。

1923 年，武同举任江苏省水利署主任，主管全省水利工作。他同时兼任南京河海工程专门学校(现河海大学)的教员，先后教授国文和水利史。在这一时期，武同举撰写了《淮系年表全编》，该书系统反映了淮河流域古今面貌，记述了淮河水利和水患，为以后的治淮工程起到了重要的参考作用。

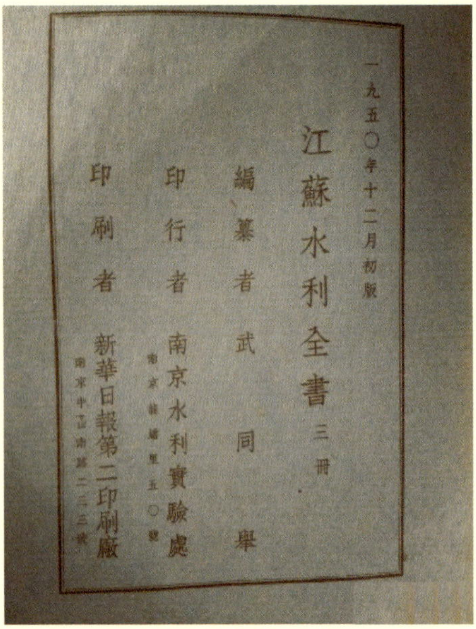
一九五〇年十二月初版

江蘇水利全書 三冊

編纂者 武同舉

印行者 南京水利實驗處

印刷者 新華日報第二印刷廠

《江苏水利全书》书影

1928年，武同举赴南京任江苏省建设厅第二科科长兼江北运河工程善后委员会委员及秘书，随后任“视察”。其间，他参加纂修《江苏水利全书》，后因经费没有着落，编委会编纂工作无法继续。他认为此书意义重大，便决定自己写下去。经过前后共计10年的艰苦写作，7编43卷的《江苏水利全书》最终得以完成，该书也成为江苏省历史上规模空前的一部水利史专著，对当时华东水利的开发尤其富有参证研讨的价值。此外，《江苏水利全书》所辑资料不只局限于江苏和当时，对华东地区，包括淮河、江北运河、江南运河、太湖流域、江南海塘里下河及盐垦区、淮北沂沭泗流域等水利的因革利病都有涉及，被誉为“华东水利资料之宝库”。

武同举的水利学著作中的许多数据都是他自制测量工具、自背测量仪、徒步测量记录和亲手绘制江苏水道地图的成果，为后人建设港口提供了最原始、宝贵的水利文献资料。武同举对导淮、分沂整沭、整治运河、治理黄河长江等河流水工都进行了深入的研究，形成了自己的水利思想，字字珠玑，为我国水利史研究留下了珍贵的史料，在新中国水利工程建设中，发挥了重要的作用，至今仍具参考和指导意义。

李仪祉

——一代水圣　水利先驱

■　李仪祉的少年和青年时期正处在中国人民饱受内忧外患的时代，他从小就忧国忧民，心怀科学救国的热情。他两次赴德学习，成绩都名列前茅，但他都没有拿学位。他说，我不远万里来到德国求学，求的是学问，而不是学位；而且，我是公费学生，我们用的钱是老百姓给的，能省一文是一文，无论如何是不能浪费的！他教育学生"要做大事，不要做大官，一切事情要讲求实际，不要争虚名"，"学工程的青年，于求学时代，便应存一济民利物的志愿，日展其所学，便时时想到如何可供一般人民受到我的益处"。

李仪祉（1882—1938），名协，字仪祉，陕西蒲城人，水利专家、教育家，我国现代水利的先驱和奠基人。

李仪祉

李仪祉从小聪颖，尤其擅长数学。1909年，他毕业于京师大学堂，考入德国柏林工科大学土木工程科。1911年回国，两年后又重返德国，并游历欧洲多国，他考察了欧洲现代化的水利工程后，深深感到祖国水利的落后，改读柏林丹泽大学，专攻水利。

1915年回国后，李仪祉即担任由张謇创办的我国第一所水利高等学府——南京河海工程专门学校（现河海大学）的教务长和教授，在清凉山畔培桃育李，培养了一大批中国近现代最早的水利专门人才，如宋希尚、沙玉清、汪胡桢等，为中国近现代水利教育事业做了大量开拓性的工作。他亲自编写教材，如《水工学》《水工试验》《实用水力学》等。在他的倡导下，学校组织编写了一些经典的、在社会上广为流传的教材，填补了当时水利教育的空白。他翻译了多种国外水利专著，积极引入西方先进水利技术，首创了不少水利专业名词并使用至今。同时他也很重视总结我国古代劳动人民的治水经验，以学贯中西的治学态度，为学生讲授水利课程。他还广泛搜集中外治河书籍，制作各种河工模型，同时非常注重为学生创造实践机会，常常带领学生奔赴各个河流、各处河段实地考察。

李仪祉是一位造福四方的水利实干家。1922 年，他离开河海工程专门学校回到陕西老家，担任陕西省水利局局长兼渭北水利工程局总工程师。著名的"关中八惠"引水灌溉工程就是他在这段时期内主持规划的。他主持的泾惠渠工程是我国第一座运用近代科学技术兴建的大型灌溉工程。

李仪祉是我国水利由传统走向现代的开拓者，是我国现代水利科学技术的奠基人。他建立了中国第一个水利实验室、第一个水工实验所。他担任黄河水利委员会委员长兼总工程师时，主张上、中、下游并举，提出了治理黄河的总体方略和具体措施，是第一位提出"综合治水"理念的水利专家。

泾惠渠渠首

李仪祉把一生都献给了中国水利事业，弥留之际他仍念念不忘："切望后起同人，对于江河治导，本余之素志，继续努力，以科学方法，逐步探讨……其未竟及尚未着手之水利工程，应竭尽人力财力，以求于短期内，逐渐完成。"

胡步川

——立身期禹稷

■ “为中国水利做贡献，造福于民；民富则国富，民强则国强。”这一理念深深融入胡步川的思想和行动中，成就了他为水利事业奉献的一生，实现了他造福于民的理想。在老师李仪祉先生心怀国家、造福百姓的精神感召下，他跟随老师在陕西兴修水利，在老师逝世之后，他仍“固守岗位”，坚守“护渠之责”，组织兴建的部分工程一直沿用至今，“永久垂惠于人民”。胡步川始终怀着“立身期禹稷，励志克艰辛”的初心，他追随李仪祉先生兴建的水利工程及青年和暮年在临海老家修建的水利工程，都是他不平凡水利生涯的见证和崇高的情感所系。

胡步川（1893—1981），名正国，字竹铭，号步川，浙江临海人，水利专家，曾担任陕西渭北水利工程局工程师兼测量队长、汉中水利工程处主任工程师、华北水利委员会工程师、西江闸建设总工程师、金清闸工程处主任工程师等。1957 年，胡步川任中央水电部水利科学研究院水利史研究所首任所长。

胡步川

因幼时家乡遭受水灾，农作物常被淹没，胡步川萌发了学习水利的想法。1917 年，胡步川考入南京河海工程专门学校。在校期间，其因勤奋好学、人品踏实，受到李仪祉先生的赏识，成为李仪祉先生最得意的门生。毕业后，他留校任助教，并兼任校刊编辑。留校一年后，胡步川受恩师李仪祉先生邀请，前往陕西参加水利建设。

胡步川一生专注水利事业。他追随李仪祉先生，在陕西任渭北水利工程局水文测量队队长，勘察泾河水文及地理形势，筹建泾惠渠；后又受命至汉中测量，设计实施汉惠渠工程。其间，他在黄河测量水文时三次溺水，但仍毫不退缩，继续绘制水文图。后因时局动荡，胡步川回乡时滞留南京。又因李仪祉先生召唤，并且心系西北水利工程，胡步川再次返回陕西，投入渭、洛两渠建设工作。因当时处于特殊时期，工程经费极为短缺，又遭逢李仪祉先生逝世，胡步川在艰难和悲痛中，牢记先师嘱托，完成建渠工程。经过多年的艰苦建设，梅惠渠、汉惠渠、渭惠渠等八渠竣工。从此，八百里秦川不再受干旱困扰，麦棉丰收。

不管取得多大成就，胡步川始终心系家乡，不忘家乡建设。得知家乡要发展水利，他毅然放弃华北水利委员会工程师的高薪职务，回到家乡，以低薪就任金清闸工程处主任工程师，设计建设金清闸。金清闸是国内最早自主设计与施工的钢筋混凝土结构大中型出海水闸之一。在建造金清闸的同时，他又作为工程师负责建设黄岩西江闸工程。金清闸、西江闸的兴建，是现代中国水利发展的里程碑，由此开始了中国水利由工程师设计、建设大型水闸的历史。胡步川退休回乡后，关心家乡的水利、教育，多次捐赠钱款修建学校，协助修建堤坝和护堤，造福乡民。

金清闸旧影

郑肇经

——现代水利的开山人物

■ 郑肇经将自己的满腔热情都投入水利建设，将自己的学识毫无保留地贡献给水利事业，为中国水利科学奋斗了近70个春秋。晚年时，郑肇经依旧奋斗在一线，每天都要工作很长时间，每当家人提出让他多休息时，他总是严肃地说："我剩下的时间不多了，要抓紧这点有限的时间，为'四化'多做点事。"郑肇经誓将自己的有生之年奉献给祖国，他一心为国、无私奉献的爱国精神是留给后人的一笔宝贵的精神财富。

郑肇经(1894—1989)，字叔伯，号衡庐，江苏泰兴人，水利专家，创建了中国第一所现代水利科学实验研究机构——中央水工试验所，创办了中央大学水利系；曾任河海工科大学首席水工教授、同济大学工学院代理院长等职务。

郑肇经

郑肇经从小受到良好的启蒙教育，早在少年时期，他曾亲眼目睹黄河决口泛滥，民不聊生，这激发了他"振兴水利、科学救国"的宏伟志向，坚定了其奋发求索、立志报国的理想信念。

1912年，郑肇经考入南京法政大学预科，后改考同济大学工科，又以最优异的成绩被保送至德国留学，是首批赴德学习研究现代水利技术的学生之一。留学期间，他潜心学习西方现代科学，探讨治河原理，掌握水工模型试验技术，并将导师的研究成果带回国内，译成中文《制驭黄河论》，出版之后引起各方关注。

郑肇经毕业后，放弃国外丰厚条件，回国发展。他长期从事水利建设，为我国水利科学做出重要的贡献。郑肇经从德国引进现代水工模型试验技术，创办了我国第一所现代水利科学实验研究机构——中央水工试验所（现南京水利科学研究院），以及盘溪、石门、武功水工实验室、土工实验室等，为我国开展水工模型试验、土工试验和水文测量等做了大量开拓性工作。

南京水利科学研究院

20 世纪 30 年代的中国，水利建设落后、江河流域水患频发，郑肇经得知江淮流域发生特大洪涝灾害后，亲自前往江都、高邮等地现场指导，平复水患。1938 年，黄河花园口决堤，郑肇经临危受命，测量缺口数据，进行黄河水灾排水试验和善后工作，堵口排涝固堤。他还主持了上海城市市政建设和长远规划、青岛港务规划，参与了我国众多水利基础设施建设。

郑肇经不仅致力于水利科学研究，推动水利事业发展，还开启了我国仪器制造自力更生的历史。20 世纪 30 年代我国工程测量仪器全靠进口，因时局动荡，仪器一旦出现故障，便再难修复使用，添购新仪器更是困难重重。在郑肇经的领导下，我国建立了第一个水工仪器制造厂。该制造厂通过拆解国外仪器、仔细研究，其科技人员不但能够修复水工仪器，而且还能生产光学测量仪器，成为测量仪器方面的最大供应商。

郑肇经心系水利，一生笔耕不辍，著有《河工学》《渠工学》《海港工程学》《中国水利史》《中国之水利》《城市计划学》《水文学》等。李约瑟博士在《中国之科学与文明》一书中说："如果没有郑肇经《河工学》《中国水利史》做指导，要想写就水利工程那一部分是不可能的。"

汪胡桢
——中国连拱坝之父

■ “从来粟米聚成仓，而今雨水也入库。蓄潦济旱能发电，五谷丰登百工富。”汪胡桢1915年在河海工程专门学校求学时，导师李仪祉先生让学生们给“reservoir”（储蓄处）取一个中文名字，汪胡桢思索出“水库”二字，并作以上七绝诗一首。这个名词的创立充分展示出青年汪胡桢的智慧，而这首诗所表达的美好愿景，也在他和新中国一代代水利人的奉献和努力下得以实现。

汪胡桢

汪胡桢（1897—1989），浙江嘉兴人，水利专家，中国现代水利工程技术的开拓者之一，中国科学院院士，水利部原顾问、一级工程师，被水利界誉为“中国连拱坝之父”。

汪胡桢1917年毕业于南京河海工程专门学校（现河海大学），1923年获美国康奈尔大学硕士学位。1950年，汪胡桢任治淮委员会工程部部长，主持治淮技术工作并负责设计、施工，修建了中国第一座、也是亚洲第一座大型钢筋混凝土连拱坝工程——佛子岭水库大坝，这项工程开创了连拱坝在我国水工建筑史上的新纪元。1954年，在汪胡桢的带领下，治淮委员会又修建了梅山水库连拱支墩坝，使我国筑坝技术达到了世界先进水平。1956年，汪胡桢担任黄河干流上建设的第一座大型水利工程——三门峡水利枢纽工程的总工程师，负责黄河三门峡水库的施工、建设工作。

佛子岭水库连拱坝

汪胡桢在学术研究上也颇有建树。在水利水电、铁道、煤炭系统等工程建设中,地下洞室的力学分析是最繁琐的工作,不仅费时,且易出错,为此,汪胡桢撰写了《地下洞室的结构设计》《水工隧洞的设计理论和计算》;主编了500余万字的《现代工程数学手册》,该手册是当时国内少有的大型工具书之一。

汪胡桢为我国水利事业培养了一大批建设人才。他曾于不同时期在母校河海工程专门学校任教,也曾任教于浙江大学。修建佛子岭水库时,人才奇缺,他带领一批知识分子边干边学。他把自己从国外带回的书送到图书馆,大家都争相借阅;他亲自讲授"坝工设计通则""佛子岭连拱坝的初步设计"等课程。大家都把工地称为"佛子岭大学",并亲切地称他为校长。当时这个"大学"培养了一代新人,如朱伯芳、曹楚生、曹宏勋、朱起凤等。1960年,汪胡桢任北京水利水电学院院长,他不辞辛苦,为水利教育事业呕心沥血,做出了很大的贡献。

张含英
——“黄河召唤系我心”

■ 1949年6月，张含英赴开封就任解放区黄河水利委员会顾问，时值伏秋，大汛即至，人民治黄机构清新的风气、忙碌的场景、高效的工作、治河员工干练的作风和高度的责任心，都给他留下了深刻的印象。尤其是得知解放区黄河水利委员会防汛会议决定：当年防汛工作，要“保证陕县黄河水流涨到16000立方米每秒时，下游大堤不决口”。历史上从来无人敢保证黄河大堤不决口！中国共产党人气冲云霄的气魄，让张含英既震惊又佩服，深感天下大变，换了人间。但同时他又很振奋，因为在这样一个前所未有的新时代中，自己必然能找到属于自己的位置，为人民治黄而工作，实现自己久已蕴藏的黄河梦！

张含英（1900—2002），字华甫，山东菏泽人，中共党员，水利专家，我国现代水利事业的开拓者之一，尤其是在对黄河的治理与开发上，做出了重大的贡献。

张含英

1921年，他考取山东省官费留学备取生，于当年夏天赴美国入伊利诺依大学土木系学习，后获荣誉结业证和土木工程学士学位。接着又前往康奈尔大学研究院学习一年，获土木工程硕士学位，1925年学成回国。

中华人民共和国成立后，他终于能够真正实

现自己多年的治黄夙愿。1953 年，以张含英为团长的西北水土保持考察团，历时 85 天，行程 2000 多公里，对黄土高原的重点地区开展考察研究，完成《西北水土保持考察团工作报告》。1954 年，“黄河治本查勘团”成立，张含英作为团核心组成员，历时 90 天，行程 12000 公里……这两次大考察为制定黄河治理规划取得了重要的第一手资料。同年，“黄河规划委员会”成立，张含英作为委员，直接参与规划编制与审定工作。

在多年的水利实践中，张含英积累了丰富的经验，在学术上卓有成就，著有《历代治河方略探讨》《明清治河概论》等著作。

人民胜利渠渠首

张含英曾任水利部、水利电力部副部长并兼任部技术委员会主任，直接参与了新中国水利工作的各项重大决策。尤其在黄河治理方面，他主张上中下游统筹安排，倡议建设引黄灌区，建成了开黄河下游引黄灌溉之先河的人民胜利渠，使豫北农田得黄河水灌溉之利。1956 年，张含英负责筹建中国水利学会。中国水利建设尤其是黄河治理建设取得了举世瞩目的成就，其中包含了张含英的汗水和心血，他为新中国水利事业做出了开拓性的贡献。

1981 年，张含英加入中国共产党。这位 81 岁的“黄河老人”写下了“余热夕阳颂，向前赤子心”的诗句，仍每天坚持去办公室学习、工作、写作，接待来客，把国家、水利与治黄事业挂牵于心间。

须　恺

——清澄如水爱中华

■　在河海工程专门学校学习期间，须恺和汪胡桢、张闻天等是关系很好的同学，他们学业上互相切磋，互相激励，都以修建水利、振兴中华为终身志愿。在美国加州大学学习期间，他碰巧又和张闻天住在一起，深受张闻天进步思想的影响，更加坚定了为振兴中华、解除人民大众的困苦而奋斗的信念。他心怀祖国，立志澄清和洗雪国耻、振兴中华，并为两个儿子起名清华、澄华。

须恺(1900—1970)，字君悌，江苏无锡人，我国现代水利事业的开拓者，水利工程学家和水利教育家。

须恺

须恺从小生活在太湖边，少年时他就经常看到湖边农田里的乡亲要靠脚踩水车费力辛苦地车水浇田，这使他很早就领悟到“水是农业的根基”这个道理，决心学习水利。1915 年，他考入南京河海工程专门学校(现河海大学)。

毕业后，须恺先后工作于江北运河工程局、顺直水利委员会，后前往美国工作，并于 1922 年进入美国加州大学学习。1924 年，他获得加州大学硕士学位后回到祖国，开始了为祖国水利事业奋斗的一生。从在陕西协助李仪祉先生开展泾惠渠新型灌渠工程的规划设计工作，到前往钱塘江工程局，须恺做了大量实地查勘的工作，成为中国现代水利事业第一批开路者之一。

1928 年，华北水利委员会成立，须恺担任技术长。1927 年他深入永定河大洪水灾情严重的现场开展调查研究，主持编制了《永定河治本计划》，这是海河流域规划最早的蓝本，也是按流域规划进行治理的开端。1929 年须恺加入导淮委员会，参与主持《导淮工程计划》的规划编制工作，这一规划是我国 20 世纪 30 年代初期流域水利综合治理的重要科技成果。须恺在主持苏北运河整治规划和设计时，提出对运河进行现代技术改造，并兼任导淮委员会 17 区工程局和里下河工程局局长，主持修建了淮阴水利枢纽工程、淮阴船闸、邵伯船闸和刘老涧船闸等工程，为苏北的航运、灌溉和排水做出了重大贡献。

在抗战期间的后方，须恺主持了綦江渠化工程的建设，这项工程的建成在战时尤其振奋人心。此外，在他的主持和策划下，导淮委员会还进行了长江上的赤水河和乌江等航道的整治工程，支援和促进了抗战后方的通航交通运输。他还十分重视全国水文站网的设置和江河的查勘测量等，为抗战胜利后的水利建设工作做好了各种技术上的准备。

1935 年邵伯船闸修建旧影

须恺在从事工程建设、推动农业灌溉发展的同时，致力于培养人才，他在兼任中央大学工学院水利工程系主任时坚持亲自为学生讲课，为中国水利事业培养了一批水利骨干力量。。

中华人民共和国成立后，须恺担任水利部首届技术委员会主任。他和时任水利部副部长李葆华到淮河流域各地视察，提出了“蓄泄兼筹”的建议，被采纳为国家治淮的方针。

1959 年，须恺任水利电力部规划局总工程师，负责各大江河的流域规划、各省市自治区水利建设规划以及全国各项重大水利水电工程规划审核，主张按流域统一规划，综合治理，力求水利工程的战略布局和决策的合理化、科学化；农田水利方面，他努力推动建设新中国的灌溉事业，研究农业灌溉发展中的问题。他在流域规划和农田水利科技方面的思想及做出的实绩，为后人留下了宝贵的经验和财富。

施嘉炀

——递薪传火清华园

■ 施嘉炀之所以选择工科，是因为年少时在上海亲眼目睹了租界巡捕对苦力的殴打，所以立志要走“科学救国”“教育救国”的道路。为了科学救国，师夷长技，在当时中国兴起的“出国热”中，他考上了清华留美预备学校。

施嘉炀（1902—2001），福建福州人，清华大学工科的创建者，水力发电学家、工程教育家。

施嘉炀

1915 年施嘉炀考取清华留美预备学校，1923—1928 年获美国麻省理工学院机械工程学士、硕士和电机工程学士，美国康奈尔大学土木工程硕士。5 年时间，3 个专业，4 个学位，充分展现出他强大的学习能力，也为他以后从事工程教育奠定了坚实的基础。

1928 年回国后，他任教于清华大学土木工程系，1934—1935 年前往德国柏林皇家水工研究所及卡尔斯鲁厄大学进修并考察；1955—1957 年在苏联莫斯科动力学院及列宁格勒水电设计院进修；1957—1985 年任清华大学水利工程系教授兼水资源规划教研组主任。1986 年起，施嘉炀任清华大学水利水电工程系教授。

施嘉炀是从清华走出去的，又回到清华，毕生后扎根于清华，他辛勤耕耘，培桃育李，培养出了一批批优秀的中国科学技术人才。他追求科学，非常注重实验，设计、主持修建了当时的水力实验馆，可以进行模型试验，此外还设置了水轮机试验台，户外又另建有80米长的试验槽，供船舶模型试验和流速仪校正之用。

施嘉炀特别重视工程实践，即使是抗战时期，也没有停止过对祖国大江大河的探索，为后方的生产、保障贡献智慧和力量。西南联大时期，西南联大工学院与云南省经济委员会联合组织了“云南省水力发电勘测队”，由施嘉炀负责带队、指导，两年内共勘测云南省境内的金沙江、澜沧江等26条支流的水力资源，亲自设计、监修了3个水电站，并提出云南水利资源开发的计划。

抗战胜利后，施嘉炀随同梅贻琦校长回到清华，修复、整顿校园，还利用一年休假的时间，到美国考察了大型水电站、田纳西河流域的综合利用规划、哥伦比亚河流上的梯级水电站，学习密西西比河的治河经验。

中华人民共和国成立后，清华大学增设了水利水电工程系等系部，施嘉炀担任水利系的水文及水能利用教研组主任。由于当时国家急需各种专门人才，为此水利系曾开办水文专修科，施嘉炀用两年时间抓紧编写了《陆地水文学》《水文预报学》《治河工程》等专业教材，并亲自讲授这几门课程，受到学生欢迎。他注重结合中国水能规划中的问题讲课，以培养学生理论联系实际的优良学风。

1958年，施嘉炀提出在修建水库的同时要为防洪、发电、灌溉、航运服务，所以应把“水能学”这门课程改造为“水资源综合利用”，旨在更好地服务于中国水利建设。60年代初，施嘉炀仍不辞辛劳与青年教师一起考察治淮工程、长江防洪与堤防工程，考察新安江、富春江等水电站，广西省内河航运工程，收集了大量的第一手资料，准备编写《水资源综合利用》教材。这部教材共5个分册，约70万字，是我国自编的第一部“水资源综合利用”教材。

施嘉炀在教学工作中注重理论联系实际，重视教材建设工作，根据国内外水利建设发展的情况，不断修订，精益求精，为祖国工科大学的教育教学事业奋斗了一生，取得了丰硕的教学成果。他积极进行科学研究，对我国许多水利工程的有关专题进行了全面的分析论证，对水电发展规划也提出了许多重要建议。

李赋都
——多年春秋献黄河

■ 古有李冰父子修建都江堰，今有李仪祉叔侄献身水利事业。可以说，李赋都是侄继叔业。李赋都的一生就是治理黄河的一生。直到晚年，因血栓阻塞压迫视神经而几乎双目失明时，他仍旧牵挂着黄河治理问题，在半盲状态下坚持摸索着完成了临终前的最后一篇文章《根治黄河》，为后人留下了宝贵的治水治河遗产。

李赋都（1903—1984），陕西蒲城人，黄河问题专家，水利工程学教授，曾担任陕西省水利局工程师、河南大学工学院水利系教授等职。

李赋都

李赋都出身于治水世家，少时便离开家乡，跟随叔父李仪祉先生在西安、南京、上海等地读书求学，完成学业。随后他前往德国攻读水利专业，以优异的成绩返回祖国，投身水利建设。

李赋都回国后，先后被重庆渝简马路局和东北水稻局聘为主任工程师，随叔父李仪祉先生和老师勘察淮运水系，制订疏导计划，为导淮规划做了大量工作。之后李赋都改任华北水利委员会主任工程师兼工务科长，他积极实践，悉心研究，深入了解认识华北诸河流，完成了华北水工试验所计划大纲的拟定工作。

再赴德国进修回国后，李赋都主持设计建设了“中国第一水工试验所”并任所长，进行了黄河下游河道整治模型等试验研究。他任四川都江堰治本工程设计室主任时，主持了该项工程的设计、施工，改善了周围土地的灌溉条件。在任西北军政委员会水利部部长期间，他亲自勘察新疆天山水库工程，审查西北诸省的水利工程计划，积极领导水利工程建设，他付出的努力和取得的成绩受到多方赞扬。

李赋都渴望以自身所学为国家水利建设发展做贡献，但是因其之前所处的时代，他所从事的试验和研究都无法实现。中华人民共和国成立后，李赋都满腔热情地投入新中国的水利建设。他被任命为西北农学院院务委员兼主任委员、黄河上游工程处处长、西北黄河工程局局长等，执笔编写了《河流总论》《静水力学》《水的循环》等讲义，探索水利人才建设的培养方式。

中国第一水工试验所实验室

李赋都担任水利部黄河水利委员会副主任后，为治理黄河倾注了全部心血。他深入黄河上下研究调查，了解黄河水土保持、下游修防、河道整治等问题，亲自主持黄河水利科学研究工作，对根治和开发黄河提出了许多重要意见，积极参加多项治黄研究工作。治理黄河期间，李赋都积极参加各项治黄学术研究和治黄实践，著有《黄河流域水土流失地区的地址概况》《黄河的症结》《黄河流量的调节》《泥坝的拦泥作用》《黄河下游河床演变和河道治理问题》《黄河中游水土流失地区的沟壑治理》等论著，为治理黄河提供了理论支撑，推动了治黄事业的发展，为新中国的水利建设事业做出了重大贡献。

王化云

——黄河上的第一任“河官”

■ 王化云生前曾说：“小浪底不上马，我死不瞑目！”这句话深深表达了他难以割舍的小浪底情结。“黄河宁，天下平”，小浪底工程的成功建设，离不开这位中国共产党领导人民治理黄河事业的首任“河官”。他曾一手拿枪，一手拿锹，带领职工和群众抢修黄河下游故道堤防；他提出“不分洪”的决策建议，使黄河洪水安澜入海，保护了人民生命财产的安全。正如他1955年在《关于根治黄河水害和开发黄河水利的综合规划的报告》中引用的诗句所说：“我若不把洪水治平，我怎面对天下的苍生！”

王化云(1908—1992)，出生于直隶省(今河北省)馆陶县，中共党员，中国现代水利学家。他早年投身抗日救国运动，于1938年加入中国共产党。1946年被任命为冀鲁豫黄河水利委员会主任，1949年任水利部黄河水利委员会主任，成为中国共产党领导人民治理黄河事业的首任“河官”，此后毕生致力于黄河治理。

王化云

“把黄河的事情办好。”这是毛泽东同志对王化云的嘱咐，也被他视为一生的使命。从最初的把黄河“粘在这里”(即不让黄河改道)，到后来的“除害兴利，综合利用”“宽河固堤”“上拦下排”“蓄水拦沙”等，这一系列的治河思想，是王化云刻苦钻研，日夜思谋，多处考察的结果。在这一系列思想的指导下，王化云带领黄河水利人，修建了三门峡水利枢纽，刘家峡、盐锅峡等水电站。在“下排”方面，前后进行了新中国成立后 3 次大堤加培大修工程，消灭了堤身隐患、修建了临时蓄洪滞洪工程，使黄河下游防洪能力得到显著提高。1958 年 7 月，黄河下游郑州花园口发生了有实测资料以来的最大洪水，周恩来总理亲自领导，王化云被任命为总指挥。为了保卫人民生产成果，对人民负责，他研判各种情况，果断提出不分洪、依靠堤防和人防战胜洪水的建议，得到周恩来总理的批准，党政军民共同奋战，最终战胜了洪水，保证了大堤的安全，避免了分洪带来的重大损失。

在王化云多年不懈的推动和努力下，小浪底水利枢纽工程最终得以在 1991 年开工建设。小浪底水利枢纽作为当时中国两大令世界瞩目的水利工程之一，工程复杂，规模大，是世界坝工史上最具挑战性的工程之一，它的建成使下游黄河的防洪能力由 60 年一遇提高到千年一遇，农业灌溉面积极大增加，大大缓解了黄河断流现象。工程在运行初期就发挥了巨大的综合效益，为保障黄河中下游人民生命财产安全、促进经济社会发展、保护生态与环境发挥了重要作用。

此外，王化云在水土保持工作上提出了一整套治理方针，推动了水土保持工作的开展。他还积极倡导建设南水北调工程，早在 1952 年毛泽东同志视察黄河时，他就提出了南水北调的建议，后来他多次组织队伍并亲自参加了调水线路的查勘工作，推动了南水北调工作的开展。

小浪底水利枢纽工程

王化云潜心治理黄河长达 40 年之久，是人民治黄历史上的重要人物、中国共产党的首任“河官”、人民治黄机构的第一位领导人。他对水利事业一生忠诚、无私奉献和对人民的高度负责，使他成为人们心中名副其实的大禹传人。

黄文熙

——善学攀高峰

■ 黄文熙1933年考取清华大学留美公费生，在取得硕士学位时因成绩优秀被授予斐陶斐荣誉奖章，并被破格允许免试攻读博士学位，博士毕业时被授予西格玛赛荣誉奖章。当时有报纸专文称赞他是“密歇根大学多年来才华最出众的学生，在结构和水利工程两个领域内取得了杰出的成就”。这位拥有如此成就的青年，心系祖国，回国后把一生都奉献给了中国的水利工程、岩土工程事业。

黄文熙

黄文熙(1909—2001)，江苏吴江人，中共党员，中国土力学与岩土工程学科的主要奠基人之一，水工结构和岩土工程专家，新中国水利水电科学研究事业的开拓者，中国科学院院士。

黄文熙于1929年毕业于中央大学土木系，先后获美国密执安大学(后译为密歇根大学)硕士学位、博士学位。学成归国后，他先后在浙江水利局和西安东北大学工作。他在国内首开土力学课程，建立了国内大学中第一个土工实验室。

中华人民共和国成立后，黄文熙任南京大学工学院水利工程系教授。1952年院系调整后，先后在南京工学院、华东水利学院任教。1952—1956年在河海大学任教授，并创立了河海大学岩土工程研究所，同时担任水利部南京水利实验处处长，负责主持这一国内成立最早、已成规模的水利水电科研机构的工作，为新中国的水利水电建设做了大量的开拓性工作。

黄文熙积极筹划，推动泥沙、潮浪、结构材料等新领域研究工作的开展；承担了治黄、治淮、华东地区水电工程等试验研究任务，解决了大量的实际工程问题。他组织研制了许多水工、土工试验仪器，编制试验手册，培训试验技术人员，开设了四期水工试验学习班。上述工作使南京水利实验处成为当时全国规模最大、水平最高的水利水电科研机构。1955 年，黄文熙加入中国共产党。

1956 年，黄文熙调任清华大学，并兼任水利部水利水电科学研究院副院长和土工研究所所长。在他的领导和努力下，水利水电科学研究院拥有 9 个研究室及完整的技术后勤系统，具备了承担各种重大水利水电科研课题的能力，产生了一批高质量的科研成果，解决了大量水利水电工程中的疑难问题。

《土的工程性质》

黄文熙治学严谨，而且善于学习、思维敏捷、经验丰富。他参加了一大批闸、土石坝、混凝土坝及地基方面的研究和咨询工作。他引进和推广了许多先进技术，如用反滤法和减压井防止渗透破坏，用砂井预压法加固软土地基，用补偿基础原理建造不用桩基的水闸等。结合中国水中填土坝和水坠坝的大量兴建，他对坝体填土的特性、坝体孔隙水压力的估算及施工特点，从理论和试验上予以分析验证，丰富和推广了具有中国特色的筑坝技术。

黄文熙在教育战线上也做出了很大的成绩。在抗战的大后方，他曾昼夜辛勤备课，为学生答疑解惑，不遗余力地培养和提携后进。黄文熙致力于水利水电工程教育半个多世纪，其许多弟子和助手成为院士、博导和著名的专家学者。

王鹤亭

——情系新疆兴水利

■ 1944年，王鹤亭做出了一个重大选择，去新疆！那时的新疆还在军阀的统治之下，时局动荡，去那里甚至有生命之忧。他第一次进疆仅一年就不得不撤出，随后于1946年再次进疆，在艰苦的条件下开展了初步的工程建设工作。他始终记得自己是农民的儿子，一心效法李仪祉前辈，要从灌溉水利方面去解救大西北的农民。他曾说过，解放给新疆带来了光明，给水利事业带来了机遇。从那时起，新疆就成了王鹤亭魂牵梦绕的地方，新疆水利建设和发展就成了他为之奋斗一生、操劳直至生命最后一刻的事业。

王鹤亭（1910—1996），江苏江阴人，农田水利专家，新疆现代水利事业的开拓者，曾任中国科学技术协会委员，新疆维吾尔自治区科学技术协会副主席、名誉主席，中国水利学会理事，中国环境水利学会副理事长等职。

王鹤亭

1933年，王鹤亭从中央大学土木系毕业后来到导淮委员会，年纪轻轻就承担起了淮阴船闸这座南北大运河淮扬段第一座现代化船闸的设计工作，并积极参与施工，在施工中锻炼自己，甚至放弃了出国留学的机会。

中华人民共和国成立以后，在王震将军的亲自领导下，王鹤亭和水利局的几十名水利技术干部开始筹划新疆的水利宏图。他担任起军垦农场水利规划建设的总指挥，在天山南北配合部队开始修建有相当规模的永久性水利工程。他们开辟了一个又一个军垦农场，兴修了一个又一个水库和灌区。王鹤亭主张使用“代水泥”以及就地取材的土料、石料，并坚持修建引水式“平原水库”，这些成为新疆水利建设中的一大特色。

在中华人民共和国成立后的短短三四年时间内，王鹤亭领导组织完成了红雁池与和平渠工程，而且基本建成了八一、猛进、大泉沟和蘑菇湖等水库工程以及胜利渠、解放一渠、解放二渠、红星二渠和玛纳斯河西岸大渠、东岸大渠等10多项较大的骨干水利工程。

胜利渠

为新疆水利事业尽自己的一份力量是王鹤亭一生的夙愿，他的足迹也遍布新疆的大小山川河汉。党的十一届三中全会召开后，王鹤亭尽管已是70多岁的老人了，却仍不知疲倦地奔忙于水利工地、技术审核现场和学术研讨会，为新疆水利建设奋斗到了生命的最后一刻。

王鹤亭舍己忘我、为国为民的精神受到了全国政协原副主席、水利部老部长钱正英的肯定——“王鹤亭同志是新中国新疆水利事业的开拓者”。他坚持真理、实事求是、放眼全局的作风也赢得了一致的赞誉，被称赞为“真正的科技专家”。

刘光文

——闪光的水文人生

■ 刘光文行仁倡义，公私分明，生活俭朴，待人宽容厚道。他的家面积很小且简陋，没有一件像样的家具和电器。卧室兼作会客室，紧靠墙边放着一排一人多高的旧书柜，摆满了国内外出版的专业书籍和文献资料，因柜子不够用，床边的地板上也堆放着书籍。在生活上，刘光文一向节俭朴素，几件旧衣服一穿就是几十年。不为人所知的是，刘光文一辈子疏财仗义，看淡身外之物。早在抗战胜利之初，为了资助几位困难朋友，他去天津卖掉一幢豪华祖宅，剩下的钱还不够买一副义齿。

刘光文

刘光文(1910—1998)，字博如，浙江杭州人，水文学家、教育家，新中国水文高等教育的奠基人，水文学科的开拓者，河海大学教授、博士生导师。

刘光文于1933年毕业于清华大学。毕业几年后赴美国依阿华州立大学学习，获水利工程科学硕士学位，后转赴德国柏林工业学院攻读研究生，学习水利工程及应用数学，1938年回国。

1939年起，刘光文在广西大学、重庆大学等高校任教授，并在重庆中央水利实验处任专员，从事黄河治理等方面的研究。抗战胜利后，在上海交通大学任教授，同时兼任复旦大学教授。

1952年，我国高等教育实施院系调整，集华东地区南京大学、上海交通大学、浙江大学、同济大学等校的水利师资在南京成立华东水利学院(现河海大学)。刘光文参与筹建,他由上海到南京,在华东水利学院任一级教授兼水文系主任,首创中国第一个水文系及陆地水文专业,长期担任系主任、名誉系主任,为培养新中国建设需要的高级水文人才不辞辛劳。他制订教学计划及教学大纲,聘请教师,编印教材并授课,带领教师参加科研、生产活动,翻译出版国外水文专著,与苏联专家合作指导首批水文学科研究生。刘光文领军的水文学科,不仅在很长时间内是国内唯一的水文重点学科,而且在 2001 年评选全国重点学科时以全票通过;吸引了国外许多著名学者前来交流讲学并多次受国际水文机构委托举办国际水文进修班。

从 20 世纪 50 年代开始,刘光文主持了长江三峡工程设计洪水的研究。他领导的学校三峡工程科研团队会同长江流域规划办公室(现长江水利委员会)、中国科学院等单位,提出用天气型组合等方法推求长江三峡的可能最大降水、可能最大洪水,不仅为三峡工程可研、初设等工作提供了参考,并开创了我国水文气象估算工程设计洪水的先河。刘光文还曾担任三峡工程水文专家组顾问,参加审查相关成果。他参加了我国多座大中型水库设计洪水的论证审查,负责筹建中科院南京水文研究室,取得多项重要研究成果,培养了一大批高质量专门人才。

刘光文主编了影响几代人的水文专业教材《水文分析与计算》,提出了进行水文分析计算的基本理论和方法,是我国水文专业的经典教材。他参与编写的工具书《英汉水文学词汇》,高等学校教材《水文学的概率统计基础》,审订的《水文统计常用图表》,主编的讲义《应用数学》《水文统计及近似计算》及撰写的学术研究成果"水文频率计算评议""皮尔逊Ⅲ型分布参数估计""水文系列的插补展延""泛论水文计算误差"等,为中国水文科学发展做出了重要的贡献。

林一山

——红色专家“长江王”

■ 1931 年“九一八”事变时林一山投身如火如荼的抗日救亡运动，1942 年他与八路军指战员一起，4 次突破日本华北派遣军总司令冈村宁次对胶东的残酷围剿，1945 年抗战胜利后，他奉命挺进东北，创建辽南革命根据地，并任辽南省委书记兼军区政委……他是一位组织过爱国学生运动，参加过抗日战争、解放战争的“老革命”，是长江水利委员会的创始人，是得到毛主席、周总理赏识的水利专家，是蜚声中外的“长江王”。他还是一位淡泊名利、一心恋水的水利人，曾 6 次主动谢绝或放弃升迁机会。

林一山

林一山(1911—2007)，山东文登人，中国共产党优秀党员，久经考验的共产主义战士。读中学时他就积极投身抗日救亡运动，1934 年参加革命工作，1935 年进入北平师范大学读书，1936 年加入中国共产党，是我国现代著名水利专家，毛泽东主席称他为“长江王”。

中华人民共和国成立初期，林一山按照党的安排，投身于治理长江的伟大事业。1950 年 2 月，参与组建“长江水利委员会”，从此毕生致力于研究探索中国水利发展和长江流域的综合治理与开发，而三峡工程则是他工作的重中之重。围绕三峡工程，林一山提出了一个“天梯”战略，并逐步部署和实施。1950 年，他组织建设荆江分洪工程，将荆江分洪工程作为切入点，领导和组织工程建成仅用了 75 天，创造了我国水利工程建设史上的奇迹。1958 年，他提出修建陆水水利工程，为三峡水利工程建设摸索经验、提供科学依据；组织建设了丹江口水利枢纽，这项凝聚了他心血的工程既是汉江的重要防洪工程，也是南水北调的水源工程，成为我国“五利俱全”水利工程的典范，他还在工程中为以后三峡工程建设锻炼培养了一大批技术人才；建设了葛洲坝工程，为三峡工程做好实战准备。他解决了三峡工程大坝以下河段航运问题并回收水头，研究“围堰发电”“分期开发”方案，总结用“移民工程”取代“移民安置”的方针，写出探讨如何无限延长三峡水库寿命的论文《水库长期使用问题》。

葛洲坝水利枢纽

1972 年，林一山身患癌症，住院治疗期间，因葛洲坝工程遇到了问题，他临危受命，抱病出任葛洲坝工程技术委员会主任，运用“河流辩证法”“河势规划”理论，采取挖除江心小岛葛洲坝和“一体两翼”枢纽布置等措施，拯救了陷入困境的葛洲坝工程，最终把葛洲坝水利枢纽建设成为享誉世界的优质工程。

林一山提出“西部南水北调工程方案”，为我国西北地区乃至新疆戈壁沙漠缺水问题找到了解决方法。他还提出了“把黄河的水与沙当作宝贵资源”的治黄方略，并于 20 世纪 60 年代亲自进行“放淤稻改”试验，很快取得成功并受到群众欢迎。

丹江口水利枢纽

林一山为中国水利事业及治理长江做出的贡献和他淡泊名利、勇于开拓的精神，已成为长江上的一座丰碑。

徐芝纶
——“教育救国”赤子心

■ 徐芝纶在麻省理工学院读书的时候，曾经和钱学森同住一屋，他们互相勉励，刻苦学习，以期将来报效祖国。怀着一颗教育救国的心，他在浙江大学开始了自己的教育生涯。在抗战的炮火声中，浙大西迁，青年教师徐芝纶用自己坚实的脚步和坚定的信念，写下了“宝剑锋自磨砺出”的人生精彩开篇。

徐芝纶（1911—1999），江苏江都人，中共党员，工程力学家、力学教育家，中国科学院院士。

徐芝纶

徐芝纶出生于一个知识分子家庭。他从小刻苦好学，勤奋努力，1934 年毕业于清华大学土木工程系，1936 年获美国麻省理工学院土木工程硕士学位，1937 年又获哈佛大学工程科学硕士学位。当时，中华民族正值苦难岁月，祖国正遭日本侵略军的蹂躏，国难当头。他谢绝了麻省理工学院两位导师许以优越条件的恳切挽留，放弃了继续攻读博士学位的机会，怀着强烈的救国之心，于 1937 年回国，到浙江大学任教，开始了他的教育生涯。

1937—1943 年，徐芝纶在浙江大学教授“应用力学”“材料力学”“结构力学”等 10 余门课程。为了增加工程实践经验，他曾于 1943 年离开浙江大学，1944 年又重返教育岗位。他先在中央大学任教授，抗战胜利后转到上海交通大学任教授，1948 年兼任水利系主任。在长期的教学实践中，他的教学水平不断提高，讲授艺术不断丰富。

中华人民共和国成立后，党和国家根据水利事业发展的迫切需要，于1952年成立了华东水利学院(现河海大学)。徐芝纶服从组织调动，来到南京参加创建新中国第一所水利院校的工作。他先是任教授兼工程力学教研室主任，1954年起兼任教务长，1956年起兼任副院长。在承担行政工作的同时，他坚持不离教学一线。他编著出版十几种教材，《工程力学教程》、《弹性理论》、《弹性力学》(上、下册)在国内被广泛采用。《弹性力学》(上、下册)第一版获1977—1981年度全国优秀科技图书奖，第二版获1988年全国优秀教材奖特等奖。从1978年起，他担任全国高校工科力学教材编审委员会副主任委员，为高校的力学教材建设做出了重大贡献。

《弹性力学》(上、下册)

20世纪60年代，根据国家大规模水利建设的需要，他对用弹性力学原理计算水工结构的问题开展了研究，发表了《基础梁的温度应力》《中厚度弹性地基上的基础梁》等论文。他对基础梁、基础板的力学课题研究，一直处于国际领先地位。他指导青年教师研究过荷载作用下基础梁的内力计算方法，并将研究成果制成表格以便应用，之后又陆续制成了文克勒地基与中厚度地基上基础梁的计算表格。这些表格至今仍是设计人员放在案头的重要设计资料。60年代末，他参加了滁河水闸闸门的设计工作，首次应用弹性力学合理地设计了新型、比较经济实用又便于施工的双曲扁壳闸门。

20世纪70年代初，徐芝纶积极查找、翻译国外文献，找到了应用电子计算机解决复杂弹性力学问题的途径——有限单元法，并于1974年出版了我国第一部介绍有限单元法的专著《弹性力学问题的有限单元法》，为推广有限单元法做了开创性的工作，起到了奠基作用。

徐芝纶怀着教育救国、教育兴国的一颗赤子之心，为促进中国力学与水利水电工程的教育和科学研究做出了重大贡献。

张光斗

——心牵祖国　情系山河

■　1937年全面抗战爆发时，张光斗在美国刚获得硕士学位，并已得到在哈佛大学继续攻读博士学位的奖学金。但战火使他无法再在美国安心读书，他心里想的是："如果国都亡了，我念书还有什么用？"在这样的"国家兴亡，匹夫有责"精神的驱动下，他毅然决定放弃优越的继续深造的机会，回国参加抗日救国工作，并不顾生活的艰苦，携新婚妻子从繁华的大上海来到偏远的四川穷山沟工地，修建了一批小型水电站，为长寿和万县的军工生产提供了电力，支援了抗战。

张光斗（1912—2013），出生于江苏常熟，中共党员，水利水电工程专家和工程教育家，中国水利水电事业的主要开拓者之一，中国科学院和中国工程院院士，墨西哥国家工程科学院外籍院士，曾任清华大学副校长、中科院水电部水利水电科学研究院院长等职。

张光斗

张光斗1934年毕业于上海交通大学，获学士学位，1936年获美国加州大学土木系硕士学位，1937年获哈佛大学工程力学硕士学位，并得到了攻读博士学位的全额奖学金，但他毅然放弃了这个机会。

1937年回国后，张光斗随即投身于祖国的水利水电建设事业。1937—1942年，他负责设计了桃花溪、下清渊峒、仙女峒等水电站，这些都是完全靠中国人自己的力量设计、施工建成的第一批水电站。1951 年，他负责了引黄济卫工程中人民胜利渠渠首闸的布置和结构设计，首次在黄河下游破堤取水，为下游引黄灌溉开创了一条卓有成效之路，使黄河水得以灌溉下游两岸农田。1958 年，他担任总工程师，负责设计华北地区库容最大的密云水库。他大胆创新，率先采用了深厚覆盖层混凝土防渗墙、高土石坝薄黏性土斜墙、土坝坝下廊道导流等革新技术。密云水库一年拦洪、两年建成，这在世界水利工程史上非常少见。他还参加了人民胜利渠、荆江分洪、丹江口工程、三门峡工程、葛洲坝工程、二滩水电站、小浪底工程和三峡工程等的设计和咨询工作，为解决复杂工程技术问题发挥了重要作用，被誉为“当代李冰”。

张光斗在 20 世纪 50 年代参与了国家科技发展远景发展规划的制订，在制订过程中，以科学和实事求是的态度，参与建言并得到采纳和批准。他很重视生产实践和基础性水利研究，1955 年，他创建水工结构实验室，在中国较早开展了结构模型试验，如流溪河拱坝、响洪甸拱坝等结构模型试验，解决了一些结构问题，这个实验室也因此获得了很高的知名度。

张光斗历来非常重视教学工作。他在清华大学从教 50 多年，始终不离讲台，传道授业解惑，亲自撰写教材。他的学生中有两院院士、国家级设计大师以及众多的高级工程师、教授，许多人在中国水利水电建设事业中做出了突出的贡献，成为国家水利水电事业的栋梁之才。

张光斗一生奉行“爱国奉献”的人生哲理、“严谨求实”的工程实践理念、“勤奋进取”的学术研究精神，既认真负责、踏踏实实，又敢于创新，敢做前人没有做过的事情，为中国水利水电建设和教育事业奉献 70 多年，做出了卓越贡献，是我国水利水电建设事业的杰出开拓者。

密云水库

严 恺

——教科双馨铸丰碑

■ 严恺把精力全部集中在工作上，他惜时如金，廉洁奉公，对衣食住行从来没有特别的要求。每次去一些省市考察，他都要求和接待单位“约法三章”，即一不要请客，二不要送礼，三不要兴师动众。有一次，严恺去江苏某地考察港口选址，为港口兴建提出了很好的建议，负责人要给酬金，严恺坚决不受，后来负责人又专程到河海大学严恺的办公室，却被严恺“请”了出去。

严恺

严恺（1912—2006），福建闽侯人，出生于天津，中共党员，水利和海岸工程学家，中国科学院院士、中国工程院院士、墨西哥科学院外籍院士。他曾担任河海大学名誉校长、博士生导师，水利部交通部南京水利科学研究院名誉院长，中国水利学会名誉理事长，中国海洋学会名誉理事长。

严恺1933年毕业于交通大学唐山工学院。1935年，他以优异的成绩获得前往荷兰留学的资格，并以出色的表现和成绩获荷兰德尔夫特科技大学土木工程师学位。回国后，他先后工作于中央大学、黄河水利委员会等，满怀报国的热情却因为国民党政府的无能和腐败，而只能“望河兴叹”。

1952年，严恺任华东水利学院（现河海大学）建校委员会副主任委员、教授，旋任副院长、院长，他用他的心血、才智和魄力为这座著名中国水利高等教育学府日后的发展和腾飞奠定了坚实的基础。1956 年，严恺加入了中国共产党，在党的教育思想的指导下，他以“艰苦朴素，实事求是，严格要求，勇于探索”开启了新的学风，这十六字后被定为河海大学校训。他同时还兼任江苏省水利厅厅长、南京水利科学研究所所长，为江苏水利事业的建设和发展做出了巨大贡献。

天津新港实堤码头

作为开路先锋，他见证了新中国海港建设、海岸工程的起步与发展。1951 年，他被任命为塘沽新港（后更名为天津新港）建港委员会委员，主持“天津新港回淤研究”，开创了我国淤泥质海岸研究之先河，为解决天津港的严重回淤、建成深水大港做出了贡献；他负责指导全国海岸带资源综合调查研究工作，并主编《中国海岸带和海涂资源综合调查报告》，为我国海岸带资源的开发利用提供了科学依据，该报告于 1992 年获国家科技进步奖一等奖；在风浪与海堤的相互作用机理、海岸工程泥沙运动等研究上都取得了重要成果；主编《中国海岸工程》并于 1995 年获全国高校系统优秀学术著作奖特等奖，他的实践和研究成果为建立海岸动力学、海岸动力地貌学打下了坚实基础。他长期负责长江口和珠江三角洲的治理研究，并担任众多重大工程如长江葛洲坝、三峡工程等的技术顾问。1996 年获首届工程科技奖，1997 年又获何梁何利科技进步奖，2001 年被中国水利学会授予功勋奖。严恺在国际学术界及学术团体中享有极高的地位，曾任国际大坝会议中国委员会主席、联合国教科文组织国际水文计划政府间理事会主席兼中国委员会主席等。1995 年，他被国际水利研究协会授予荣誉会员称号。他的成就为中国水利赢得了世界声誉。

谷德振

——工程地质奠基人

■ 谷德振一直很喜爱毛泽东主席的诗词，对《水调歌头·游泳》中描绘的“截断巫山云雨，高峡出平湖”这一壮观景象憧憬不已。葛洲坝水利枢纽工程大江截流工程胜利合龙那天，他在心中吟诵毛主席的这句诗词，决定给刚出生的孙子起名“谷平湖”，以纪念这一重要时刻。他曾写道：“冬去春来穿梭般，祖国山河逐日暖；跋山涉水汗透衫，抚胸问心聊自安。”

谷德振（1914—1982），河南密县（今新密市）人，中共党员，工程地质学家，中国科学院院士，我国工程地质和水文地质学界的开拓者、奠基人。

谷德振（左二）在工作中

1936年，谷德振考入北京大学地质系。抗战爆发后，他休学回家养病，并在家乡积极参加抗日宣传活动，随后前往西南联大读书。毕业后，谷德振进入四川地质调查所工作，后跟随李四光先生，在南京中央研究院地质研究所做助理员、助理研究员。

中华人民共和国成立后，国家开始着手对淮河进行综合治理。谷德振响应国家对工程地质人才的需要，走上了工程地质研究与实践的道路。

1951年，谷德振担任中国地质工作指导委员会治淮地质队队长，开展了一系列与治淮工程有关的坝址工程地质勘测工作。他深入佛子岭、响洪甸、磨子潭、梅山等治淮工程工地，为水利水电工程地质问题的研究和解决积累了经验，总结出“岩性、构造、地下水”三要素；在他的带领下，治淮地质队对10个水库及其大坝的工程地质开展了勘查，共计编写了10多份勘查报告等，为坝区、坝址、坝线的选址、设计、基础处理提供了科学依据。

1954年，长江流域发生了特大洪水，国家由此提出了长江流域规划编制任务与建设长江三峡水利工程的计划。谷德振兼任长江流域规划办公室副总工程师，1957年兼任地质部三峡地质队总工程师、国家科委三峡工程地质组副组长。他参加了对三峡三斗坪、丹江水库等工程地质的鉴定工作及岷江紫坪坝地质论证与评价研究。1956年初，谷德振与侯德封撰写了《中苏地质专家对长江水利枢纽的工程地质报告》。谷德振被任命为三峡工程地质勘测队总工程师，开展区域地质与水文地质工程地质条件的调查、多个拟选坝址的工程地质勘查及库区渗漏问题研究等一系列工作，为三峡水利工程建设的地质论证与评价、坝址选址奠定了基础。

1959—1961年，谷德振主持了西部南水北调工程地质调查。1963—1965年，他主持了水利水电工程地质总结，这是我国首次在实践基础上进行系统总结，对工程地质的发展起到了重要的推动作用。

在谷德振的地质生涯中，他曾任地质部治淮工程地质队长、武汉长江大桥工程地质队队长、长江流域规划办公室地质总工程师、地质科学院水文地质工程地质研究所副所长、中国科学院地质研究所水文地质工程地质研究室主任、中国地质学会工程地质专业委员会首届主任委员等。他参与了众多国家重大工程，包括治淮工程、三峡工程、葛洲坝工程、西南铁路建设、二滩水电站工程等。在二滩水电站工程建设中，他组织百余人的科研队伍，为这一重大工程开展了前期可行性论证。

在理论研究方面，谷德振是“岩体工程地质力学”的开创者和奠基人，这一创新性分支学科具有我国特色。他提出“岩体结构控制岩体稳定性”的著名论断，推动了中国工程地质学研究的发展，是我国工程地质学科的一座里程碑。谷德振曾获“南京长江大桥新技术”“葛洲坝二、三江工程及其水电机组安装”“成昆铁路建设”三项国家自然科学奖特等奖。

朱显谟

——懂土治沙黄河清

■ 考虑到国家的需要，朱显谟放弃了南京优越的生活条件，于1959年举家迁往陕西省武功县偏僻的小镇杨凌，并在这里扎根。为了找到治理黄土高原水土流失的有效途径，他在子午岭这个“黄土高原的样本”建立了试验点，投入了大量的人力和物力。这个地方很偏僻，到处是荒山野岭，交通非常困难，生活条件十分艰苦。尽管环境恶劣，但朱显谟仍带领工作人员坚持不懈地进行研究。

朱显谟

朱显谟（1915—2017），江苏崇明（今属上海市）人，中共党员，土壤学与水土保持专家，中国科学院院士，中国科学院水利部水土保持研究所（西北农林科技大学水土保持研究所）研究员、博士生导师，曾任中国科学院西北水土保持所第一副所长、中国科学院水利部水土保持研究所名誉所长。

1940年，朱显谟从中央大学农业化学系毕业后，进入江西省地质调查所，后转到重庆中央地质调查所土壤研究室工作；中华人民共和国成立后，任职于中国科学院南京土壤研究所；1959年，正式调往中国科学院水利部水土保持研究所（原西北生物土壤研究所）工作。

朱显谟在中央地质调查所土壤研究室工作期间，随指导老师侯光炯先生赴四川省铜梁县（今铜梁区）调查，后至贵州、广西、湖南、江西等地调查。

在江西的六七年间，他对江西的土壤进行了深入的调查研究，并做了红壤改良试验。他对红壤发生分布提出了新的见解，认为江西红壤改良的方法中，以“客土”和“烧土”最为显著。

治理黄河，减少黄河的含沙量，一直是朱显谟最大的心愿。在他看来，黄河之所以为“黄河”，主要原因在于位于黄河中上游的黄土高原的水土流失。20 世纪 50 年代初，他 4 次考察西北的黄土高原，从此与黄土结缘。他走过黄土高原的沟沟坎坎，去和一个个农民聊天，从他们的经验中汲取智慧，几十年间朱显谟竟然把那些沟沟坎坎走了 20 多遍，他还 3 次翻越昆仑山，两度进入新疆。在经过无数次实地考察后，朱显谟把他几十年的研究结果精炼成黄土高原国土整治“28 字方略”，其内容是：全部降水就地入渗拦蓄，米粮下川上塬，林果下沟上岔，草灌上坡下坬。就是这简单的 28 字方略成了黄河治理的关键依据，也成为黄土高原脱贫致富的科学根本。在国家开始综合治理黄河流域时期，他参加了其中的水土保持项目，完成了大量细致、全面的工作。1958 年，朱显谟参加了对长江流域土壤侵蚀情况的调查小组，深入三峡，提出了“安全排水、节节拦蓄”的方略，在实践中取得了较好的效果。1959 年，为了支援中国大西北建设，他毅然放弃南京的优越生活条件，前往中科院西北生物土壤研究所工作。

黄河风光

朱显谟是中国黄土区土壤及土壤侵蚀学科的开创者和奠基者，毕生致力于黄土高原水土保持与生态建设工作，治学严谨，成绩卓著。为了心中“黄河清”的梦想，半个多世纪以来，他默默奉献在广袤的黄土高原，为中国黄河中游泥沙治理工作做出了重大贡献。

钱令希

——“伯乐院士” 力学泰斗

■ 1978年，在参加全国科学大会期间，年过六旬的钱令希感奋不已，他夜不成眠，信手写下了如下诗句：“献身科教效春蚕，岂容华发待流年；翘首中华崛起日，更喜英才满人间。”这首诗表达了这位力学家和教育家对祖国的热爱，表现出了他献身科教、执著追求的品格。从这首诗里，也看到了他对年轻一代的殷切期望和甘为人梯、鼓励后来人超过自己的愿望。

钱令希（1916—2009），江苏无锡人，中共党员，工程力学家和教育家，中国计算力学工程结构优化设计的开拓者，中国科学院院士。

钱令希

他于1936年毕业于上海中法工学院（现上海理工大学），1938年获比利时布鲁塞尔自由大学最优等工程师学位。回国后，钱令希来到昆明，被叙昆铁路局录取。从1941年始，他先后在川滇铁路公司、云南大学、交通部桥梁设计工程处、浙江大学（遵义）工作。

1950年，他担任浙江大学土木系主任。1952年，他受到大连工学院（现大连理工大学）院长屈伯川博士多次邀请，前往大连工学院任教，历任数理力学系主任、研究部主任、工程力学研究所所长、大连工学院院长等职。他一生桃李满天下，学生遍及海内外，其中有好几位后来都成了院士，如邱大洪、胡海昌、潘家铮、钟万勰等，所以他被称为“伯乐院士”。

20世纪50年代，钱令希先后参加了武汉长江大桥、长江三峡水利枢纽、南京长江大桥等国家重大工程的论证与设计实践。60年代初，我国决定建造自己的核潜艇，以钱令希为首的研究团队承担了为建设核潜艇研究壳体的强度、开孔和稳定问题的工作。他极力提议把计算力学列为力学发展的重要方向之一，最终被采纳，从而使计算力学在全国范围内进入了一个崭新的发展时期。

中华人民共和国成立后，政府大力兴修水利工程。大型薄壳拱坝是极有利的坝型。当时，薄壳理论还很难用于拱坝分析，国外习用的试载法又太繁复，且结果难以判断，而中小型拱坝常用纯拱法和拱冠梁法，其力学模型的假设虽然清楚，但略去的因素太多，过于粗糙。钱令希于1959年发表文章，把拱坝壳体的扭转作用纳入拱冠梁法，使得增加的计算量不大，但结果却更接近实际，因此这一方法在工程中得到了应用。

1951年，他受到治淮委员会的邀请，与茅以升、张光斗等专家来到佛子岭大坝工地，共同研究制订工程方案。1959年，他出席长江三峡水利枢纽规划会议，会上他提出了一种新型支墩坝型——梯形高坝。这种介于传统的重力坝与大头支墩坝之间的坝型，可用于高坝建筑。它比较经济，施工中容易散热，坝底浮托力也较小；由于它每一坝垛的横截面沿坝高都是等边梯型，截面内没有突变，所以可避免大头坝横截面内在头部可能产生的拉应力。它最突出的优点是施工方便，混凝土工程可以采取大面积的平面模板，有利于大体积混凝土浇灌。这个坝型被水利部上海勘测设计院用于浙江乌溪江上湖南镇水电站建设。该坝高达128米，长440米，分22个支墩，是我国最高的支墩坝，于1979年10月建成。

钱令希毕生致力于工程力学的科研教育事业，培养出一代代土木工程师，在中国水利、桥梁、港湾等工程技术领域做出了重要贡献。

张瑞瑾

——“张瑞瑾公式”创立者

■ 1949年张瑞瑾加入当时中国共产党领导的地下外围组织——新民主主义教育协会，1950年加入中国共产党，成为中华人民共和国成立后武汉大学第一位党员教授。从事水利工作的几十年里，他始终充满了热情。“老骥伏枥，志在千里；烈士暮年，壮心不已。”花甲之年的张瑞瑾经常提到曹操的这句诗。改革开放后，他虽然已经患有帕金森综合征，但仍然积极工作，为新时期水利事业出谋划策，奉献自己的力量。

张瑞瑾（1917—1998），湖北巴东人，中共党员，水利专家、水利教育家，教授、博士生导师，曾任武汉水利电力学院（现武汉大学）院长、名誉院长。他1939年毕业于武汉大学土木工程系，1945年赴美国加利福尼亚大学进修水利，并在以水利工程建设闻名的垦务局实习。

张瑞瑾

张瑞瑾长期从事泥沙运动基本理论和实际工程应用研究。他曾提出“多元水利计划”，即灌溉、发电、防洪、航运，在当时属于开先河之举。20世纪40年代，他参与了与治黄有关的观测、查勘、研究等工作，得出黄河年均产沙量为15亿吨的科学数据。但战乱频仍，他感到“英雄无用武之地”，于是回到母校武汉大学教书。

中华人民共和国成立初期，国家急需进行水利建设。张瑞瑾奔赴建设一线，同时在学术研究上取得了泥沙起动、泥沙沉降、水流挟沙力等方面的一系列理论成果。这些理论成果中的公式由他在大量实测资料和试验研究的基础上推导得出，所以水利界称之为“张瑞瑾公式”。这一公式得到广泛应用，并于1978年获得全国科学大会奖。20世纪60年代，他利用早年间对黄河进行查勘时获得的大量一手资料，开始研究高含沙水流运动，是我国高含沙水流运动最早的研究者之一。

20世纪70年代，张瑞瑾和其他学者积极建言，多次提出“根治黄河”，推动了国家部署综合治理黄河的进程。他参与了葛洲坝工程设计，全程参与了葛洲坝工程泥沙问题的研究，与团队共同提出了“静水过船，动水冲沙，辅以机械清淤”的方案，解决了葛洲坝船闸引航道泥沙淤积问题，在葛洲坝工程河势规划问题上也做出了贡献，为解决三峡的泥沙问题提供了宝贵的借鉴。80年代初，张瑞瑾曾担任三峡工程泥沙研究协调组组长，对三峡工程的泥沙问题进行了长期的论证，为以后三峡工程泥沙问题的研究解决铺平了道路。在张瑞瑾及其他老一辈泥沙研究专家的努力下，我国才能得以从一个泥沙问题大国变成泥沙治理大国。

《河流泥沙动力学》

张瑞瑾历任武汉大学副教务长、工学院副院长、水利学院院长。20世纪50年代，他参与创建武汉水利电力学院，首创当时世界上唯一的河流泥沙及治河工程本科专业，先后担任武汉水利电力学院副院长、院长、名誉院长，辛勤培育人才，带领学院开展科研攻关，为中国水利电力事业培养了一大批高级专门人才和业务骨干。在担任学院主要领导职务的同时，还承担了繁重的教学工作和教材编写任务，为河流泥沙及治河工程专业的教学、研究工作始终处于国际国内领先地位发挥了重要作用。他主编有《水力学》《河流动力学》《河流泥沙动力学》，合著有 *Sediment Research in China*，参编《河流泥沙工程学》，其中《河流泥沙动力学》获水利部优秀教材一等奖，《河流泥沙工程学》获全国优秀教材奖。

李鹗鼎

——勘察江河　水电人生

■ 1981 年秋季，黄河龙羊峡水电站施工期间经历了一场惊心动魄的抗洪抢险斗争，李鹗鼎当时患有冠心病、糖尿病，在北京已经是半天上班、半天休息。在这个紧急关头，他毅然赶赴青海高原，在现场沉着冷静地指挥。1984 年，他带队去日本参加世界大坝会议，为给国家节省开支，他不住高级宾馆而住大使馆；不吃会议伙食，而是在使馆内自己买面包当早餐，中午在小店吃面，晚上在使馆食堂吃。当时正在酝酿三峡工程上马，很多日本客商前来疏通渠道，李鹗鼎以礼待人，但坚决不接受任何礼物。

李鹗鼎

李鹗鼎（1918—2001），天津人，出生于北京，中共党员，水力发电工程专家，中国工程院院士，曾任水利电力部总工程师。

李鹗鼎于 1940 年毕业于清华大学土木系，曾留学英国。中华人民共和国成立后，进入燃料工业部水力发电建设总局勘测总队工作。20 世纪 50 年代，他带领技术人员在黄河上中游查勘、选点并进行规划工作，是我国创建水电勘测队伍的领导人之一。为了开发黄河上游的梯级水电，李鹗鼎曾三次沿黄河徒步踏勘，不仅促进了黄河的水电开发，而且推动了全国水电资源的普查规划选点工作。几十年中，他对我国许多水电资源丰富的大江大河，如黄河、长江、红水河、澜沧江、闽江、新安江、瓯江、永定河、伊犁喀什河等重要河段都进行过查勘选点及规划，为各河流的水电资源开发做了大量的基础性准备工作。他参与了二滩水电站、小湾水电站等工程的选址以及三峡工程三斗坪坝址的最后选定。

李鹗鼎从事水电建设事业 50 多年，是新中国水电事业的开拓者之一。他曾担任黄河干流第一座大型水利枢纽——三门峡水利枢纽总工程师，担任当时中国首座百万千瓦级水电站、坝高 147 米的刘家峡水电工程的总工程师，主持施工的水电站还有狮子滩、盐锅峡、映秀湾、猫跳河等。

李鹗鼎创造性地解决了重大工程设计、建造及改造的许多技术难题，解决了水电工程大体积混凝土快速施工和复杂基础处理方面的关键技术问题，如狮子滩水电工程是当时国内首先进行机械化施工的，成为以后水电工程控制的样板。经他审核的处理方案，解决了国际大坝界公认十分困难的技术问题，例如高达 178 米的龙羊峡拱坝左坝复杂断层软弱带的基础处理的设计和岩溶十分发育的高达 165 米的乌江渡大坝的基础防渗漏设计。

刘家峡水电站

李鹗鼎一直积极支持、推广国外的先进技术和国内的自主创新科研成果。如：20 世纪 70 年代初他积极指导并负责审定凤滩空腹重力拱坝的坝内厂房方案，建成世界最高的空腹拱坝；首次提出采用掘进机的新技术，并组织制造了我国第一台隧洞掘进机；80 年代初，首先提出推广使用碾压混凝土坝和面板堆石坝，这两项技术使水电建设在节约投资、缩短工期方面取得了明显的成效。经过多年的努力，我国这两种坝型的建设水平已居世界前列。

李鹗鼎大力支持水电建设体制的改革，特别重视工程质量的管理，注重培养人才，参与国际竞争，他亲自指导了我国第一个世界银行贷款工程（鲁布革水电工程）的建成，在施工管理方面，首次采用招标承包制和监理工程师制。

李鹗鼎大力促进组建了全国水电大坝安全监察中心，制定大坝安全条例；提出加快开发中型水电建设的建议并被采纳；多次出席国际大坝会议，曾当选为国际大坝委员会副主席，中国大坝委员会名誉主席。作为新中国水电事业的开拓者之一，李鹗鼎学识渊博，热爱水电事业，富有创新精神，为我国水电事业做出了重大贡献。

汪闻韶

——治学为国为人民

■ “我们伟大祖国有悠久的光辉灿烂的文化，也有过长期苦难凄怆的经历。我是抱着‘科学救国’的思想赴美留学的，并取得博士学位。我有一条信念，就是不能忘记祖国和人民对我的培育，那种战士浴血抗日、人民艰苦生产供养学生读书的恩情是绝对不能不报答的。我不能忘记自己是炎黄子孙，决心学成以后报效祖国人民。”在《寸草难报三春晖》一文中，汪闻韶这样写道。他说：“留学与爱祖国是分不开的。既要向世界学习，更应服务于祖国。”晚年的时候，他说：“这些年虽然我努力做了些工作，但总感到为人民做的工作太少，不能报答祖国的恩情于万一。”

汪闻韶（1919—2007），江苏苏州人，中共党员，土力学及土坝、地基抗震学家，中国科学院院士，中国水利水电科学研究院教授级高级工程师、博士生导师。

汪闻韶

1943 年汪闻韶毕业于重庆中央大学水利工程学系，并主动要求去甘肃、宁夏等艰苦的西北地区从事农田水利工作，1946 年担任南京中央大学助教，后赴美国留学。在美国留学期间，汪闻韶勤奋刻苦，于两年后获得爱荷华大学力学和水力学硕士学位，1952 年获伊利诺理工学院土木工程博士学位后在麻省理工学院先后担任副研究员、研究员。

1949 年，中华人民共和国成立了，汪闻韶积极准备学成归国。然而朝鲜内战爆发，为了维护国家安全，中国人民志愿军入朝参战，旅美留学生归国因此受到了重重阻碍。1950 年 11 月，汪闻韶被芝加哥移民局施压，要求办理签证延期手续，却又收走他的入境许可证，并且明令他禁止离开美国。他随后在麻省理工学院工作了一段时间，其间还受到了美国联邦调查局的质询。1955 年，在中国政府的努力下，汪闻韶和其他旅美留学生一起，终于回到了日思夜想的祖国。归国后他先后在水利部南京水利实验处、水利部水利科学研究院等工作。

为了国家水利水电工程建设与工程安全的需要，汪闻韶主要从事水利水电工程建设和水工建筑物地震震害分析等研究，在地震荷载作用下的土的动力特性、测试技术、动力分析理论及安全评价方法等方面取得了开创性的成果。1959 年，汪闻韶负责筹建"饱和砂土液化问题研究"课题组，创建中国第一个专门的土动力学试验室。他主持研制了国内第一台振动三轴仪。1962 年、1964 年，汪闻韶分别发表了《饱和砂土振动孔隙水压力扩散和消散问题》和《饱和砂土振动孔隙水压力的产生、扩散和消散》论文，在国内外率先阐述了饱和砂土在循环荷载作用下孔隙水压力产生、发展和消散的机理，引起了国际同行的关注。

汪闻韶十分重视理论联系实践，尤其强调前往实际地震震害现场调查。他冒着余震危险，深入邢台、海城、林格尔和唐山等地震现场进行震害调查，参加了《唐山大地震震害》的编写。他花费 4 年时间主编了《中国水利工程震害资料汇编(1961—1985)》，该书较为全面地反映了我国 1961—1985 年历次强烈地震过程中水利工程的震害现象和经验教训。1980—1983 年，他担任水利水电科学研究院抗震防护研究所第一任所长，广泛总结地震震害资料和工程经验，提出了"工程措施比理论计算更为可靠，变性分析比稳定分析更有意义"的重要论断，建立了中国土坝及地基抗震设计思路和原则，对我国的土石坝抗震设计具有重要的指导意义。

林秉南

——易文从理　一生乐水

■ 林秉南在90岁的时候曾经说过："近些年，尤其在党的领导下，改革开放以后，国家进步很明显……我非常高兴生活在这样的时代。我们当初回来没想到会那么好……那时想，中国钢铁产量那么低，什么时候能赶英超美？现在钢材年产量5亿吨，世界第一……国家变化非常快，主要得益于共产党领导。"

林秉南(1920—2014)，原籍福建莆田，出生于马来西亚，后随父母回到国内，定居广州。他是我国水力学与河流动力学方面的专家，我国水力学学科重要的奠基人和开拓者之一，中国科学院院士，中共党员，中国水利水电科学研究院高级工程师、名誉院长。

林秉南

由于受到父亲的影响，林秉南本打算学文科，但因为日本发动了对中国的侵略战争，国弱民贫，他深深感到发展国家工业之重要，于是决定易文从理。1942年他以优异的成绩毕业于交通大学唐山工学院土木系。留校担任助教一年后，他转赴贵州修文水电工程处担任工务员，从此与水利结缘。

林秉南于1946年赴美留学，之后分别获美国爱荷华大学水利硕士学位和博士学位。他在科罗拉多州立大学任教了一段时期，其间始终没有忘记要回国建设水利事业的初心。历经波折，在中国政府和留学生们的努力下，在得知放行通知的第一时间，他带着家人登上了归国的轮船。

回国后林秉南就进入了人才济济的中国科学院水工研究室工作。1958年新建的水利科学研究院水工研究所成立，他任副所长，并根据工作需要调整了自己的研究方向，转向高坝水力学研究领域。

林秉南是我国第一位进行水体突然泄放实验模型试验的学者，为确保高坝两岸的安全，他开始了对水库溃坝洪水演进问题的研究，为后来研究与解决长江三峡防护问题提供了重要的理论支撑。

林秉南发展了收缩式新型消能理论，包括宽尾墩及窄缝挑坎的研究，为高坝泄洪消能，特别是在高深峡谷建设的高坝泄洪消能方面提供了有效方法，并成功应用于潘家口、安康、龙羊峡、东江等多个大型水电工程。他提出：在一定条件下，宽尾墩下游的部分溢流的剖面可以采用非光滑面，简化施工。这一成果曾集体获得国家科技进步奖二等奖。

林秉南亲自指导了我国第一个大型活动高速水流掺气陡槽的建造，其供水管道活动接头、导流片加速扩大段等关键部位设计，以构思新颖、设计巧妙成为世界先进水工设备之一。20 世纪 70 年代，他与浙江省河口海岸研究所合作进行杭州湾潮流计算时，将二维特征理论与特征偏心差分格式相结合，结果取得良好的计算精度和稳定性。80 年代初期，他首先将二维特征理论用于大面积海湾和河口，之后在国内得到了推广。

在泥沙研究方面，林秉南首次用高准确度的实验证实浓度效应的存在，同时研究含沙浓度和颗粒雷诺数对泥沙沉降速度的影响，并进行了大量水槽输沙试验，取得突破性的进展。他全程参加了三峡工程的论证与建设，担任了泥沙论证专家组组长，提出了水库控制泥沙淤积、保障长期效益的方案，提出双汛限水位的三峡水库调度方式，可增加有效库容，以及引海水冲深黄河下游河口段，增加防洪安全等建议。在他的带领下，泥沙问题这一三峡工程的关键技术问题终于得到解决。

林秉南一生从事水力学及河流动力学的研究，尤其是在高坝水力学、明渠不恒定流以及泥沙运动等领域的研究方面取得了重大开拓性成果，他将毕生精力都献给了我国水力学与河流动力学的科学研究事业。

陈吉余

——河口海岸学奠基人

■ 陈吉余后来回忆他参加的1950年在湘黔滇和川黔铁路沿线的地质经济勘查的意义，说："最大的意义就是为国家做的贡献，国家需要的我就得做，我是史地系毕业的，我就是一个罗盘，一把榔头，一个三棱镜，就是这么做出一个路线图，做出一个生产的报告。但是说，心情很高兴，我走的是苗区，走的是深山老林，因为刚解放，很多小孩都会唱'解放区的天是明亮的天'，我们就走在这样一个新中国积极向上的氛围的路途中。"

陈吉余（1921—2017），江苏灌云人，中共党员，我国河口海岸学的奠基人，中国工程院院士、国际欧亚科学院院士，华东师范大学河口海岸研究所教授、终身教授。

陈吉余

陈吉余的童年是在灌云的河岸、海边度过的，河道、港口、轮船是他童年的重要记忆。他从小就对地理图册感兴趣，深厚的地理情结在幼时就已经萌发了。陈吉余的求学之路历经艰辛。他离开家乡后一路辗转，从沙市到重庆，在日本飞机的轰炸中，在艰难的条件下，他完成了高中学业，考取了浙江大学史地系，并于1947年以研究生学历毕业。1947年他撰写了《杭州湾地形述要》，这是他河口海岸研究的正式开端，开拓了水动力学与沉积学研究河口发育的先河。

中华人民共和国成立后，他参与了各种实地勘察、调研工作，同时还承担着浙江大学地理系的教学任务。他完成湘黔滇和川黔铁路沿线的调查工作后，就投入治淮工程建设。位于淮河支流史河上的梅山水库，是当时由我国自行施工的世界最高的连拱坝，陈吉余在这项工程的建设中也贡献出了自己的智慧和心血。

在“向科学进军”的大潮中，陈吉余组建了中国最早的河口海岸研究机构，逐渐建立起动力、沉积、地貌相结合的河口海岸学科体系。几十年中，他潜心研究河口的发育与演变、河口水下三角洲及拦门沙的形成、海岸的历史过程和现代过程、淤泥质海岸的剖面塑造等理论，在河口治理、海岸工程、沿海港口规划与建设、水利电力工程环境、海岸及滩涂的开发利用等方面取得了大量成果。他发表的《2000 年来长江发育模式》《长江河口及其三角洲的发育》，为长江口的治理提供了科学依据。

20 世纪 50 年代至 80 年代，陈吉余是全国海岸带和海涂资源综合调查的主要倡导者之一，温州海岸带调查试点的指挥者，也是最主要的调查技术规范和调查成果报告的负责人。这次调查，查清了全国海岸带的自然环境特征和社会经济条件，查清了资源的数量、质量、空间分布和时间变化，为以后海岸带和海涂资源的合理开发、海岸带环境的保护提供了坚实可靠的科学依据。

陈吉余始终把河口与海岸作为自己的研究对象，无论是治淮工程中提出的“围堤蓄水”的建议，还是为浦东机场选址，开发浦东、崇明南隧北桥等种种设想，都立足于国家需求，具有强烈的实践特征，因此他被施雅风院士誉为“紧密结合国家建设的大科学家”。他于 2004 年获中国地理学会首届“中国地理科学成就奖”，2013 年被国际河口海岸学会授予“终身成就奖”。

谭靖夷

——江河院士　筑坝大师

■ 1982年，年逾花甲的谭靖夷如愿以偿，光荣加入了中国共产党。入党那天，谭靖夷心情激动，当夜赋诗："平生志在治山川，闽粤湘黔不计年；何惜青春成白发，喜看水电展新篇。惊涛骇浪犹萦梦，高峡平湖别有天；四化征途堪再战，丹心捧向红旗前。"

谭靖夷

谭靖夷（1921—2016），湖南衡阳人，中共党员，新中国水电建筑施工技术的奠基者、开拓者和引领者，水利水电工程施工专家，中国工程院院士，被誉为"从江河里走来的院士"。2013年，中宣部把他列为中国科学院、中国工程院9位优秀科学家之一。

学生时期，谭靖夷发奋学习；抗战期间，他投笔从戎；抗战胜利后，他放弃军中优厚的待遇，不忘科技救国的理想。1946年从交通大学唐山工学院毕业后，谭靖夷便以一腔热情投身于水电工程建设。他参加了古田溪电站建设，这是中华人民共和国成立后建成的第一座地下水力发电厂。

1956年，谭靖夷任总工程师，转战岭南，参与建设广东流溪河水电站，这是我国第一座自行设计、施工的混凝土双曲拱坝，首次采用人工粗骨料、混凝土拌和加冰、坝内埋冷却水管等措施，成功解决施工难题，实现全坝无裂缝、坝基灌浆廊道无渗漏。

乌江渡水电站

1969年始，在乌江渡水电站建设中，谭靖夷带领的团队大显身手，取得600多项科技成果，其中重大成果20多项，首创了具有中国特色的高压灌浆技术，取得突出成效，并在全国推广，为岩溶发育地区兴建高坝大库开辟了道路。1984年，乌江渡工程获得了国家优质工程奖银质奖，1985年获国家科学技术进步奖一等奖。

1982年始，花甲之年的他带领技术人员开展一系列技术攻关，建起了当时我国自行设计施工的最高混凝土双曲薄拱坝——湖南东江拱坝，工程质量优良，也标志中国拱坝建设技术进入成熟期。

作为新中国第一批水利水电工程专家，谭靖夷主持建设大坝8座，水电总装机容量163万千瓦，参与建设和提供技术咨询的大坝有80座。长江三峡、溪洛渡、乌江渡、东江、五强溪等大中型水电站，韶山灌区、欧阳海灌区等水利工程，都洒下了他的汗水；长江、黄河、金沙江、乌江以及湘、资、沅、澧等大小河川，都留下了他的足迹。

流溪河水电站拱形大坝

在中国水电建设中，凡有技术和施工难题，人们首先想到的就有谭靖夷。他的足迹踏遍祖国江河，被称为江河之子、筑坝大师。谭靖夷是中国水电开发的参与者、亲历者，更是中国水电施工技术的奠基者、开拓者、引领者，他为中国的水电开发事业，为党的事业、为“中国梦”奉献了毕生的精力和心血。他是水电建设事业的一面旗帜，是水电建设者学习的楷模。

钱　宁
——志切水清愿河宁

■ 在清华大学的一次面向学生预备党员和入党积极分子的讲座上，钱宁提到中国足球队打败科威特足球队那天晚上，清华园里爆发出的欢呼声让他感慨万千。当年，他作为一名留学生在美国时，是多么希望被称为“东亚病夫”的中国人能早日成为“东亚健夫”！而这个愿望终于在中国共产党的领导下得以实现。他情不自禁地说：“我们的中国是多么可爱啊！我们的青年是多么可爱啊！”振兴中华，人人有责！

钱宁（1922—1986），浙江杭州人，中共党员，泥沙运动及河床演变专家，中国科学院院士，清华大学水利系教授。

钱宁

钱宁于1943年毕业于重庆中央大学，1947年赴美留学，获爱荷华大学硕士学位和加州大学博士学位。他师从著名物理学家爱因斯坦之子、泥沙学界权威小爱因斯坦教授，他们联名发表过多篇学术论文，他们共同提出的动床泥沙模拟试验方法被称作“爱因斯坦-钱宁方法”。1951年，钱宁开始在加州大学工程研究所任助理及副研究工程师，30岁出头的他已在美国泥沙学界崭露头角，是一颗冉冉升起的学术之星。可是，这位来自中国江南水乡的青年学者深知祖国河流泥沙问题严重，新中国的建设急需解决河流泥沙问题的人才，他早就立下了学成归国、投身祖国建设的心愿。

钱宁放弃了在美国优越的物质生活条件，于1955年回到祖国，进入中科院水工研究所工作，参与组建中国水科院河渠研究所，并任副所长。20世纪50年代后期，国家开始兴建三门峡水库和刘家峡水电站，黄河下游的治理工作亟须开展，钱宁全力以赴投入了治理黄河及黄河泥沙的工作。

在黄河的滔滔湍流中，他在船上向老河工请教，观察思考后得出结论：黄河之所以形成规整的水流，是因为河岸上有突出的山嘴、险工工程以及天然形成的河湾等可以发挥嵌制导流的作用。他把黄河河岸上天然或人工的水流控制点命名为“节点”。通过大量实验，钱宁制定了利用人为制造“节点”以整治黄河下游的规划。经过深入细致的调查，在掌握丰富资料的基础上，他对河道的演变过程进行了理论总结，撰写了归国后的第一部专著《黄河下游的河床演变》。他主持研究的“集中治理黄河中游粗泥沙来源区”成果，是治黄认识上的一个重大突破，他因此被誉为“黄河专家”。

黄河河床

钱宁开展并推动了高含沙水流运动机理研究，为我国河流动力学与地貌学相结合研究河床演变做出了重要的贡献。1984年，在他的倡导下，国际泥沙研究培训中心成立。他还创办了英文版《国际泥沙研究》杂志。钱宁建立了清华大学泥沙研究室，开展泥沙基础理论研究，培养了一大批新生力量，为国家重大水利工程和治理项目决策提供了有力的支持。

钱宁具有很高的理论水平，先后著有具有理论及实用价值的《泥沙运动力学》(获全国科技图书奖一等奖)、《河床演变学》，主编了《高含沙水流运动》(获全国科技图书奖一等奖)、《黄河下游河床演变》等，为后人留下了宝贵的学术遗产。

钱宁是一位具有深湛理论修养与开拓精神的科学家，为中国河流动力学与地貌学相结合研究河床演变，黄河、长江的治理做出了重要贡献，推动了中国泥沙研究事业进入国际领先地位，为中国泥沙科学发展奠定了坚实基础。

张蔚榛

——农田水利开拓者

■ 他诲人不倦，有问必答，从不将重要的学术资料据为己有；他正直无私，从不送礼，也不收礼；他生活十分俭朴，饮食极其简单，衣着朴素，家里装潢和摆设普通，可对有困难的同事和学生却万分慷慨，有求必应，甚至主动伸出援手；他治学严谨，坚守学术道德底线，从不随波逐流，宁可得罪合作单位和合作伙伴，也不愿违背事实，或者干脆不出席或少出席学术评价活动。

张蔚榛

张蔚榛(1923—2012)，河北丰润(今属河北唐山)人，中共党员，水利学家、教育家，地下水及农田水利工程专家，中国现代农田水利学科的开拓者，中国工程院院士，武汉大学教授、博导，兼任清华大学教授。

张蔚榛 1941 年就读于北京大学工学院土木工程系。1951 年，毕业后留校任教了一段时间的张蔚榛被首批派往苏联科学院水利研究部深造。张蔚榛以优异的成绩取得了副博士学位。回国后，他被分配到武汉水利学院(现武汉大学)从事农田水利的教学和科研工作。在他的带领下，我国第一个农田水利实验室得以建立。他还是中国第一批农田水利专业研究生导师，建立起中国第一个农田水利专业博士点，主编了中华人民共和国成立之后的第一本农田水利专业教材，为中国农田水利专业培养了一大批优秀的人才。

张蔚榛的研究主要在与农田水利有关的广泛领域，尤其在地下水、土壤水、溶质运移等方面，不仅提出了具有开拓性的理论和计算方法，而且将其成功应用于农田排水、盐碱地改良、减轻农田面源污染等实践中。他是国内第一批将地下水动力学理论应用于农田水利工程的学者之一。

黄淮海平原

张蔚榛将自己的很大一部分精力投入了黄淮海平原水利与农业事业，包括农田排水、盐碱地改良等。20世纪50年代，灌溉土地次生盐碱化问题是农田水利面临的棘手问题之一。他走遍了山东、河南、河北等地的试验区，及时掌握水盐动态的试验情况，进行试验点的抽水试验。

张蔚榛在地下水资源评价的研究和实践上也做出了重要的贡献。他和其他专家经过大量实地调研后指出，华北一些地区的深层水基本上是“死水一潭”，补给也非常有限，地下水开采应以浅层水为主。他的观点对后来华北及类似地区的地下水资源合理开发利用起到了重要指导作用，并建立了正确的地下水资源概念。“北方平原应以开发浅层水为主”这一理论在实践中得到了证明。1978年，“华北平原地区地下水资源评价及开发利用”成果荣获全国科学大会奖。

张蔚榛是中国应用动力学观点研究溶质运移问题的倡导者之一，提出了沟间地下水淡化过程的计算模式，为中国北方受次生盐碱化威胁的灌区进行科学水管理提供了依据。

张蔚榛曾担任国际灌排委员会委员、第十二届和第十五届国际灌排会议专题专家组成员。他终生致力于农田水利、地下水资源教学与研究，做出了开拓性的贡献。

胡海涛
——工程地质大师

■ 胡海涛是著名的工程地质大师，他坚持理论与实践并重，开创了地质学术体系；他是一位德高望重的老师，言传与身教并举，培育桃李满天下；他是一位浪漫诗人，赞颂祖国大好河山，留下众多佳作；他是一位书法家，运笔简约洒脱，字体刚劲有力。胡海涛用满腔热血描绘祖国的万里江山，为我国地质学发展做出了杰出贡献。

胡海涛（1923—1998），四川自贡人，中共党员，工程地质与环境地质专家、中国工程院首批院士，地质矿产部环境地质研究所研究员、名誉所长。

胡海涛

胡海涛于1946年1月毕业于中央大学，之后留校任教；他先后担任中国地质工作计划指导委员会矿产勘探总局辽河工程地质队队长、地质部水文地质工程地质局工程地质科副科长等职务，亲赴一线考察现场环境，为工程项目的建设提供了真实、可靠的数据。

胡海涛是我国地质学界的大师之一，曾获得全国科学大会奖等多项荣誉。他勤于思考，勇于实践，为我国重点项目建设的地质工作做出了重大贡献。

20世纪50年代，胡海涛负责长江三峡坝区、坝段比选工程地质勘察工作，写出《长江三峡水利工程枢纽初步设计要点阶段工程地质勘察报告》，对三峡水利枢纽进行大规模补充勘察，推荐三斗坪坝址为三峡工程设计坝址。他还参与撰写《长江三峡工程地质地震论证报告》，为三峡工程的安全运行提供了理论依据。

20 世纪 60 年代初，他构思并编制了我国第一张《中国工程地质图》，研究了陕西关中地区黄土滑坡的结构、构造及其稳定性，该成果与 1966 年邢台地震地质研究成为应用地质力学理论解决工程地质问题的范例。

20 世纪 60 年代中期，胡海涛参加青藏公路沿线构造体系与区域水文地质工程地质条件的关系研究，提出了“水网络理论”，研究成果获全国科学大会奖。

20 世纪 70 年代末至 80 年代末，基于地质力学理论的工程场址评价思路，胡海涛在广东大亚湾、辽南核电站选址和黄河黑山峡等地的区域地壳稳定性研究中，提出了在活动地区寻找相对稳定地块（称为“安全岛”）作为工程场址的原则、方法和工作步骤。该成果成为我国重大工程区域地壳稳定性评价的重要学术思想之一。

20 世纪 90 年代，古稀之年的胡海涛仍在为我国重大建设奔波操劳，指导了许多关于水文地质、工程地质和环境地质的研究，他是我国环境地质和灾害地质研究的先驱者之一。

作为一名教师，胡海涛重视人才培养，带出了一大批优秀的硕士和博士研究生，为我国水文地质、工程地质和环境地质的研究培养了后备人才。

胡海涛热爱地质事业，治学严谨，他将毕生精力都献给了我国水文地质、工程地质和环境地质事业，是当之无愧的地质大师。

钱正英
——大江大河的女儿

■　往事一幕幕，闪现在钱正英的脑海里，并且化作她时时鞭策自己多为人民群众办好事的精神力量。她说："1991 年春，当三峡工程论证报告获得全国人大通过时，人民大会堂里掌声雷动。在掌声中，我想起了许多往事，也想起了我的父亲。当他带着美好的愿望从美国回来时，当他在武汉为不能实现愿望而苦恼时，他怎么也没有想到，他当年的这些愿望在中国共产党的领导下终于逐步实现了。"

钱正英

钱正英，浙江嘉兴人，1923 年出生于上海，中共党员，水利水电专家，中国工程院院士，曾任水利部部长。

钱正英的父亲是一位水利专家，在美国康奈尔大学获得土木工程硕士学位，1922 年学成回国后，投身到国家建设中。可惜由于当时国民党官场腐败、工程难以开工，他最终也无法实现自己的理想抱负。他告诫女儿可以从事建筑业，不要从事水利，但钱正英早已耳濡目染，立志长大后兴水利、治水害，为民造福。

这位从小怀着"工程师梦"的新中国第一位女部长的传奇经历是从 1941 年开始的，那一年，钱正英加入了中国共产党。在血与火的考验中，钱正英在革命的队伍里成长。

1942 年，上海的中共地下组织遭到破坏，钱正英和其他学生党员紧急撤离，奔赴淮北解放区。次年淮河泛滥，这位学土木工程的优等生临危受命，成为堵口复堤的技术负责人。解放战争期间，钱正英在山东战场上当了一年修路架桥的工兵后，于1947年底又回到了水利战线上，她似乎天生就注定是大江大河的女儿。她于1948年担任山东省黄河河务局副局长，领导黄河治理工作。黄河是第一站，钱正英的水利人生由此真正展开。

中华人民共和国成立后，钱正英先后任华东军政委员会水利部副部长兼治淮委员会工程部副部长。1954年，淮河流域发生严重水灾，钱正英不分昼夜地与当地干群组织抢险、决策，并巡视保卫蚌埠的堤防。随后，国家开始着手治理淮河，钱正英与治淮委员会工程部部长汪胡桢以及一大批专家规划并在淮河干流上游修建了一批水库，拦蓄洪水，开发水利。

1952—1988年，钱正英曾任华东水利学院（现河海大学）院长，水利部、水利电力部副部长、部长等，当选全国政协副主席。作为中国水利建设主要决策人之一，钱正英主持研究、制定了一系列关于我国水资源开发利用、管理与保护的方针政策和管理办法，主持编制了黄河、长江、淮河、海河等流域的治理、规划和全国水利建设长远发展纲要，主持完成了《中华人民共和国水法》《中华人民共和国水土保持法》的起草工作，主持审定、决策了许多重大水利水电工程建设项目，在治理淮河及密云水库、刘家峡水电站、长江葛洲坝水利枢纽等工程建设中处理了许多重大技术难题。20世纪80年代，钱正英负责三峡大坝的论证工作，她组织全国400余位各领域的专家，进行了历时2年零8个月的深入论证，为三峡工程在全国人民代表大会上的通过和顺利施工奠定了基础。

她于1997年当选中国工程院院士，随后又带领着一批院士，连续承担了6项以“水资源”为主题的战略咨询研究项目，足迹遍布大江南北，取得了丰硕的成果。

赵国藩

——一土一木　饮水思源

■　朴素却大度，这是赵国藩的大师风范。他治学严谨，为人和蔼，非常关心和爱护学生。他的青少年时代正值日寇侵略中国，他在颠沛流离中辗转半个中国，终于历尽艰难完成学业。正因深知求学道路的艰辛，他对家庭困难的学生格外关照。他曾经把获得的陈嘉庚技术科学奖的10万元奖金捐献给他的恩师钱令希院士发起设立的“钱令希力学奖励基金会”，以资助困难学生。赵国藩对帮助过他的人，也感恩不忘。他常说，饮水，必须思源。

赵国藩（1924—2017），山西汾阳人，中共党员，土木建筑结构工程、混凝土结构专家，中国工程院院士，大连理工大学教授、博士生导师。

他于1949年毕业于上海交通大学土木系结构工程专业，同年9月到齐齐哈尔铁路局工作，不久调入兰州大学水利系任助教。1950年8月，赵国藩调入大连工学院，从此开启了他在土木建筑结构领域的教学和科研之路。

赵国藩

赵国藩长期从事结构可靠性及钢筋混凝土结构理论和工程应用研究，为制定中国水利水电、港工、建筑、桥梁等专业的工程结构规范，解决四川二滩拱坝、贵州东风拱坝、贵州普定碾压混凝土拱坝、广西龙滩碾压混凝土重力坝等国家“七五”“八五”重大工程项目中的关键技术问题做出了重要贡献。特别是对工程结构可靠度分析、大型全级配混凝土试件断裂参数以及多轴受力大体积混凝土和纤维混凝土强度的测试与分析的研究，他具有突出的开创性。

赵国藩及其团队承担了“七五”攻关专题中的子题“平面应变状态下混凝土本构模型研究”及“八五”攻关专题中的三项子题：“动荷载下混凝土强度变形特性及其试验方法”“全级配混凝土宏观力学性能研究”“混凝土复合型及动态断裂特性研究”。在“七五”及“八五”近10年间，他根据二滩拱坝大体积、大骨料（最大粒径150mm）、全级配（四级配）拱坝位于地震区须考虑动力荷载以及拱坝多轴受力等特点，研究了拱坝混凝土宏观多轴静力性能及动力性能，还应用断裂力学研究了混凝土Ⅰ-Ⅱ复合型断裂特性及地震作用下的动态断裂特性。这四项子题被国家电力部分别鉴定为“中国国内领先、部分国际先进水平”、“国际先进水平”和“部分成果国际领先水平”。

赵国藩课题组参加的“八五”攻关课题——普定碾压混凝土拱坝项目，其坝高在1989年截流时是世界已建碾压混凝土拱坝之最。该项目获国家科技进步奖一等奖。此外，他主持的“混凝土静态及动态断裂特性研究”获1999年国家科技进步奖三等奖，“水电工程筑坝技术——高拱坝体型优化及结构设计的研究”获1991年能源部科技进步奖一等奖，“高拱坝建设关键技术——高强度大体积混凝土材料特性研究”获1998年国家科技进步奖三等奖。

赵国藩早在20世纪50年代就在国内系统介绍了极限状态设计理论，60年代首次提出用一次二阶矩法计算安全系数。他在出版的专著《工程结构可靠度》一书中提出可靠度实用计算法及荷载、抗力统计模式，在学术界影响很大，该书发行上万册。他为中国工程结构可靠度设计统一标准的编制做了大量开拓性和基础性工作。90年代，赵国藩课题组进一步提出了考虑变量相关性的广义随机空间内的可靠度分析法和精度较高的二次二阶矩法、四阶矩法、体系可靠度分析法以及模糊数学分析正常使用极限状态可靠度等研究成果。在国内工程结构可靠度及钢筋混凝土结构研究领域，赵国藩享有极高的声望，是土木工程结构可靠性研究的奠基人，为中国乃至世界工程结构研究做出了重大贡献。

左东启

——治水育人　启智授道

■　左东启曾留学苏联，眼界开阔，思想深邃。空余时，他爱好诗词写作，他的诗词集和文集体现了始终如一的强烈的事业心和责任心。左东启为人和善，尊重他人，乐于倾听他人意见，让人处处感受到他的“团队精神”、“平民意识”和“求真务实”的作风。这些都是左东启一次次重新出发踏上新征程、带给人们历久弥新的感动的原因。

左东启（1925—2014），江苏镇江人，中共党员，曾任华北水利工程总局副工程师、河海大学校长。

左东启

左东启出生于镇江当地的书香大户，自幼接受文学熏陶，深厚的家学渊源使他养成了悲天悯人、刚直公正的性格。从上海交大毕业后，左东启投身河川治理，任职于华北水利工程局。在天津工作期间，左东启于1948年加入中国共产党，从事党的地下工作，为迎接华北解放做出了努力。

中华人民共和国成立后，左东启作为第一批留学生被派往苏联留学。学成回国后，左东启就职于华东水利学院（现河海大学）。从此，左东启的一生与水结缘。

左东启在从事水利工作的岁月中，始终对我国的宏观水问题保持着高度的关注和思考。他指出，我国有不少水问题贯穿于许多工程建设中，要重视这些问题，并对它们开展进一步探讨。左东启的治水理念立足大局，影响深远。

在治理黄河方面，左东启提出，“水少沙多”是黄河的主要“本性”之一。但如果强调增水增到有多余水量冲沙入海，而减沙减到河道没有淤积的程度，那就等于主张先形成一个“非黄河”，将其作为对象而后治之了，相反的，“历史上形成的地上悬河局面”以现代科技水平和长期积累的经验进行整治，并非高不可攀、束手无策，而是可以大有作为的。

大亚湾核电站

左东启主持的科研项目多次获奖，其中有我国首次引进境外技术和资金建设的核电站——大亚湾核电站；他主持的港口航道与取排水口模型试验，成果荣获国家科技进步奖一等奖；与夏颂佑一起主持的地质力学模型试验技术及其在坝工建设中的应用研究，成果荣获国家科技进步奖二等奖。

左东启还是一位优秀的教育家，他长期从事水力学、水工建筑物等方面的科研和教学，主编的《水工设计手册》、教材《水工建筑物》，专著《模型试验的理论和方法》，都是国内本专业的经典之作。他在水利水电科研战线上耕耘一生，为国家的水利事业倾注了全部精力和心血。

文伏波

——长江上的“治水将军”

■ 伏波者，降服巨浪也。东汉时期的马援，被封为“伏波将军”。1972年，文伏波到北京见到周恩来总理，得到了周总理的鼓励，并被寄予厚望。他牢记总理的嘱咐，将自己的一生都投入他热爱的治理开发长江的事业中，并取得了很大的成就，成为名副其实的治水“伏波将军”。

文伏波

文伏波(1925—2020)，出生于湖南桃江县，中共党员，水利工程专家，中国工程院院士，水利部长江水利委员会教授级高级工程师，原长江流域规划办公室技术委员会主任委员。

1943年，文伏波以优异的成绩从高中毕业，考入重庆中央大学水利工程系。一寸山河一寸血，十万青年十万兵。1944年，他毅然投笔从戎，参加了远征军。1946年秋天，文伏波回到南京中央大学重续学业。在这所现代学术气氛浓厚的大学里，他不仅学习了专业知识，还接触到了进步思想，并积极参加进步学生的各项活动。1948年，他加入新民主主义青年社；1949年中华人民共和国成立后，加入了中国共产党。

1949年5月，文伏波以南京军管会文教委大学专科部秘书身份参与部分大专院校的接管工作。但他心向水利，直到9月，他终于达成心愿，被派到长江水利工程总局工作。1950年5月他被调到设在武汉的长江水利委员会，由此开始了长达半个多世纪的治江生涯。

在荆江分洪工程建设过程中，文伏波和同事们完成了两闸的设计任务，指导和监督施工质量。他还担任了北闸指挥长的秘书和质量检查组组长。时间紧，任务急，但质量必须保证。文伏波一丝不苟，严格按照图纸和设计要求施工，为这个当时世界鲜见的大型工程的完成贡献了自己的力量，走出了自己初出茅庐的第一步。

丹江口水利枢纽工程

荆江分洪工程之后，他先后参与了1956年建成的杜家台分蓄洪工程、1958年的丹江口水利枢纽工程、1970年的葛洲坝水利枢纽工程等长江水利工程的建设。半个世纪以来，文伏波为治理长江、根除长江水患呕心沥血、无私奉献，足迹踏遍大江上下，取得了一个又一个科技成果。以丹江口水利枢纽工程为例，这项综合治理开发汉江的关键工程，既是南水北调中线工程的水源工程，又是汉江治理史上由平原建闸向高坝大库建设的首次实践，是当时中国最大、世界一流的水电站，对长江流域综合规划和三峡工程建设，乃至全国的高坝建设，都有十分重要的意义。文伏波和同事们在汉江上竖起了一块丰碑。在之后的葛洲坝工程、三峡工程中，文伏波也付出了无尽的心血，做出了巨大的贡献。文伏波长期负责并参加新中国长江流域重大水利枢纽工程的规划、论证、设计、施工质检和管理。1994年，他当选为中国工程院土木、水利与建筑工程学部首批院士，也是长江水利委员会的第一位院士。

周君亮

——碧水丹心献水利

■ 为了科学，为了他钟情的水利事业，他可以玩命地付出、忘我地工作。几十年来，为了工作，他几乎没有一个完整的休息日；他曾三次胃出血，两次收到病危通知书。连医生都认为没有希望的时候，他又顽强地站了起来，说："我离不开淮河！"那时他正在查勘骆马湖大堤、三河闸。共产党人的价值体现常常并不是在瞬间，更多的是在持续恒久的奉献之中。在白色恐怖中毅然向党旗宣誓的周君亮，在几十年的设计生涯中，始终保持着共产党人的那种精神——严于律己，忘我工作，即使面对死神，也无所畏惧。

周君亮，1925 年出生于江苏无锡，中共党员，水利和航运工程建筑物设计专家，中国工程院院士，江苏省水利厅高级工程师、专家委员会顾问。

周君亮

1949 年，周君亮毕业于复旦大学土木工程系。毕业后，这位 24 岁的年轻共产党员，来到苏北行署农水处当工程员，先后在苏北行署农水处棉垦局、水利局工作；1951—1955 年，担任苏北治淮总指挥部金属结构组组长。这一时期，他为苏北人民治水奉献了自己最好的青春年华。

周君亮长期从事水利工程设计工作，具体负责过江苏 80 余座大中型水利和航运建筑物工程的规划及其设计审查，并在水利工程领域取得了许多突破性的成就。

周君亮主持设计了重大工程皂河第一抽水站，成功解决了有关技术难题，使得泵站运行安全可靠，且装置效率比当时最先进的泵站还高，这项工程也获得国家优秀设计奖金奖。他主持设计的江都抽水站三站、四站，在全国首次采用半堤后式站身，是当时效率最高、单位流量造价最低的泵站。

高良涧闸

此外，他主持的武定门抽水站设计首次采用双向流道，集抽灌、抽排、自引、自排于一体，获得国家优质工程银质奖（集体奖）；蒋庄漫水闸改建设计，在国内首次采用水力自动启闭门，实现了自动泄洪、自动蓄水，在全国得以推广，成为一种闸型；新沭闸设计，首次将反拱底板、正拱桥结构用于水闸，节省了大量钢材和水泥；采用首次提出的提高底板与地基摩阻力方法的高良涧闸和三河闸加固设计成功，该方法已写入《水闸设计规范》；在无锡犊山水利枢纽中，首创适用于通航的下沉式电轴同步变速启闭的弧形升降拱板门，获国家优秀设计奖银奖。

在京杭运河的建设中，他主持、参加了一期苏北段一线 7 座大型船闸的设计，闸的设计规模均为 2×3000 吨级船队，采用闸首变速输水、多种消能形式、电气集中控制，缩短船只过闸时间，设计水平国内领先。他分管二期工程船闸工程设计审查，参与施工指导和竣工验收，解决了不少技术难题，成功处理多种复杂的地基，其中 8 座获省优秀设计奖、1 座获国家优秀设计奖银奖。1972 年，周君亮参加了葛洲坝船闸设计方案论证。1978 年在江苏省科技大会上被表彰为在科技工作中做出显著贡献的先进工作者；1989 年，建设部授予他"中国工程设计大师"称号。他开创了国内大型内河船闸设计的先河，在河闸、船闸等水利工程上的设计方法被写入《水闸设计规范》《船闸设计规范》，为江苏水运建设、我国水道和港口工程学科的发展及国家水工建筑工程结构设计技术标准的制定做出了重要贡献。

谢鉴衡

——河流泥沙工程学开拓者

■ 中华人民共和国成立前夕，谢鉴衡正在武汉大学读书，那时他就立志要为治理黄河、长江的泥沙贡献自己的力量。1951 年，他到苏联留学，正式把治理河流泥沙作为研究方向。他深感我国黄河流域水土流失严重，泥沙的侵蚀、输移以及沉积给人民生命财产带来了不可估量的危害。他从事这项事业，正是出自一个科学工作者对祖国、对人民的责任感和深沉的热爱。

谢鉴衡（1925—2011），湖北洪湖人，中共党员，泥沙问题专家、江河治理专家，中国工程院院士，曾任武汉水利电力学院（现武汉大学）副院长，武汉大学教授、博士生导师。

谢鉴衡

1946 年，谢鉴衡考入武汉大学，在张瑞瑾教授的指引下，他立下了征服黄河的志向。参加援越回国后，除从事教学工作外，他投入河流泥沙运动力学、河流演变学、河流模拟等理论研究中。

1956—1965 年，谢鉴衡主要研究黄河，总结出泥沙对河道游荡性变化的影响，理清了悬河抬升规律。他多次沿黄河勘察，不顾生命危险，一次次为黄河“把脉”。他总结经验，结合实地考察，通过计算提出要采用综合手段治理黄河。他钻研黄河泥沙问题，对黄河下游河口三角洲演变、纵剖面形态变化和河床抬升的物理机制及治理途径进行了系统深入的探讨。1970 年起，谢鉴衡把研究的主要方向转向长江。1971 年起，谢鉴衡和同事们开始对葛洲坝船闸引航道冲沙难题的技术进行研究。他多次来到宜昌葛洲坝施工现场，针对葛洲坝的地形地貌确定冲沙闸的最佳方位，制定兴建冲沙闸的最佳方案，验证了张瑞瑾教授"静水过船，动水冲沙"设想的正确性。1981 年秋，葛洲坝三江航道冲沙闸首次启闸冲沙，仅用 12 个小时便清除了淤积在引航道上的 300 多万立方米泥沙，实际效果与谢鉴衡的实验结果完全吻合。这个成果为以后研究三峡工程的泥沙问题奠定了基础。

1982 年，谢鉴衡受国家科委和水电部委托，任三峡工程泥沙专家组副组长，组织协调三峡工程泥沙问题的技术攻关，主持了三峡水质推移质模型试验，为三峡工程的宏观决策提供了重要的科学依据。他和同事们做了大量细致的调查、实验、分析，提交了大量可行性报告，提出了冲淤对航道的影响及其解决途径，并提出对三峡工程蓄水位方案的新建议，得到了国家的重视。

葛洲坝冲沙闸

他是武汉水利电力学院(现武汉大学)河流泥沙及治河工程专业创建人之一，培养了众多人才。由他主编的《河流泥沙工程学》是我国当时仅有的一套完整的泥沙工程学教材，他对专业的改革、发展做出了突出的贡献。

徐乾清

——防洪减灾看世清

■ “我只能算是一个平庸的水利科技工作者，根本够不上‘专家’的称号。这一生辛勤劳累有余而业绩成效甚微，不能不说是终生遗憾。”徐乾清在日记里这样概括自己的一生，“但我尽了我的一切能力，做了我力所能及的工作，无负农民给我的饭，工人供我的衣和生活用品；一生未做对不起社会和周围同志及亲朋好友的事。大概还算是一个可以问心无愧地度过这一生的普通劳动者。”

徐乾清

徐乾清（1925—2010），陕西城固人，中共党员，防洪工程与水利规划专家，中国工程院院士，水利部原副总工程师。

1949年9月初，23岁的徐乾清从上海交通大学土木系毕业，被选派到泰州苏北行署水利处，开始了他一生的水利生涯。1949—1953年他先后在江苏泰州苏北行署水利处和华东水利部任技术员，1953年4月调入水利部。1953—1958年先后在水利部办公厅苏联专家工作室、科学技术委员会任技术员。先后在水利电力部水电总局、规划局任工程师、副处长，担任科技司处长、科委副主任，水利部科技司副局长，水利电力部计划司副司长，1988年任水利部副总工程师。

徐乾清长期从事水利规划、江河治理、防洪减灾、水资源与环境、重大工程建设以及水科学技术发展等领域的工作。

在防洪减灾领域，徐乾清主持和参与了中国七大江河历次防洪规划的编制与审查，提出了高屋建瓴的规划思想，为整体流域防洪规划做出了具有战略指导意义的贡献。他指出要把防洪与江河治理紧密联系在一起："中国的防洪，在一定意义上讲，就是七大江河的治理。"他推动并参与了大江大河历次流域综合规划工作，先后担任国家"八五""九五"科研攻关项目"黄河治理""长江防洪""西北水资源开发利用"等项目专家组组长，主持水利部"黄河水沙变化"项目的研究，研究成果在黄河治理、长江防洪等规划工作中得到了应用。

徐乾清参与主编《中国水利百科全书》《中国大百科全书·水利卷》，主编并审定《水利科技名词》等基础性专著，先后撰写《中国的防洪》《21世纪中国的水利——以城市为中心带动全面发展》《关于中国几个水利问题的回顾和探讨》等数十篇文章。

徐乾清对西北水资源问题进行了深入的研究，提出了西部大开发中与水有关的十大关系，这些观点对西部开发、西部水资源能力建设具有重要的指导意义。在华北水资源短缺的问题上，徐乾清也开展了研究，对缓解华北水资源短缺和保障北京水安全提出了多项建议。

徐乾清在南水北调、三峡工程论证、规划、设计和建设上也做出了很大的贡献。他指出："南水北调是缓解黄淮海流域水资源匮乏的战略性措施，但应该明确其供水范围和调水规模。"他提出要处理好调水与生态环境的关系。在三峡工程中，他受命担任论证工作领导小组成员，兼任三峡工程防洪专题专家组组长，负责组织论证三峡工程在长江防洪系统中的作用和长江中下游防洪规划的总体安排。

刘济舟

——水利济世　风雨同舟

■　刘济舟刚参加建设厦门海堤工程时，厦门沿海一带经常受到国民党飞机的轰炸干扰，尽管有高炮部队保护，但是空中军事力量对比"敌强我弱"，先后有150多名建堤工人干部遇难。在这种极度艰苦的条件下，刘济舟等施工人员将生死置之度外，坚守岗位，坚持施工。他在建设日照港时，当地一位老百姓问他什么时候家里能有电视机，他回答说，快了，港建成了，都会有的。他始终把这一次对话记在心里，并深深感受到了中国共产党领导全国人民建设社会主义的伟大意义。

刘济舟（1926—2011），河北滦县（今河北滦州市）人，中共党员，土木和水运工程专家，中国工程院院士，历任交通部基建局副局长、局长，总工程师。

刘济舟

刘济舟毕业于天津工商学院，在这里他受到了先进的土木学科教育，参加学生运动，立下了学成后建设国家的鸿志。中华人民共和国成立后，刘济舟的水运人生从天津塘沽新港的建设真正开始。他被分配到第一工区从事防波堤建设。为了积累经验，提高自己的水平，他积极学习、锻炼，努力早日成长为"一个真正的无产阶级工程师"。1950年之后，在参与南京港抢险、塘沽新港一期建设中，他迅速成长起来，1952年加入了中国共产党。1953年，他参加建设厦门海堤工程，完成了波浪资料的计算与分析、堤身断面与堤顶布置的设计，主管新中国第一座沉箱的预制与安装，施工中首次采用了水下爆夯新技术，该技术后被编入中华人民共和国行业标准。在施工中，他和同事们冒着国民党飞机的炮火修堤，修堤间隙，他热心帮助青年实习生和工人，充分发挥了一名优秀青年党员的带头作用。

在我国第一次建港高潮期间，刘济舟组织并主持了沿海各港的选址、规划论证、可行性研究、初步设计及审定。在重要工程上，他亲自审定，参与建设，如主持日照港一期工程的建设，采用了开敞式（无防波堤）方案和 3300 吨沉箱座底浮坞下水新工艺；主持了连云港散粮码头 7 万吨筒仓设备的安装与调试工作。他和团队研究的真空预压软基加固、预应力钢筋混凝土大管桩和爆炸法施工等成果达到国内先进水平，并被广泛应用，取得了较大的经济效益和社会效益。

刘济舟参与了天津港、青岛港、日照港、黄骅港等多个港口的规划制订和建设，用心血筑起一座又一座精品工程，特别是承建了黄骅港液体化学品码头、黄骅港外航道整治、天津港南疆港区南围埝等工程。刘济舟参建的秦皇岛煤码头三期工程和山东日照港煤码头工程分别获得了建筑业最高奖——鲁班奖，天津港东突堤北侧码头及堆场工程荣获了第二届中国土木工程詹天佑大奖，青岛港前湾三期泊位码头工程荣获詹天佑大奖和鲁班奖。

厦门海堤

在学术成果整理和总结方面，他主编了《水运工程技术四十年》一书，全面介绍了我国水运工程开发与采用新技术、新工艺、新结构和新材料的历程等，对我国水运工程建设的发展起到了很大的促进和推动作用。

陈志恺

——风雨中的水利人

■ 陈志恺淡泊名利，关心青年同志的成长。在他主持完成的不少重要科研项目成果中，乃至申报水利部和国家科技奖项时，他总是要求删去自己的名字，或署名在合作者的后面。他的襟怀坦荡与真诚，体现了一位科学工作者的高尚情操。他说："科研工作者要急国家之所急。"

陈志恺(1926—2013)，上海人，中共党员，水文水资源、水利规划专家，中国工程院院士，曾任中国水利水电科学研究院水资源所所长。

陈志恺

陈志恺1950年毕业于上海交通大学，获工学学士学位。中华人民共和国成立初期，我国开展了大规模水利建设，但水文资料短缺，设计洪水、计算方法、标准不一致。而水工建筑物能否经受住洪水考验，与是否以稀遇洪水作为设计标准密切相关，所以，研究设计暴雨洪水的计算方法成为当务之急。陈志恺的研究工作因此由水利工程方向转到暴雨洪水方向，他急国家之所急，开拓了我国暴雨洪水等工程水文的基础研究领域。

陈志恺在小流域暴雨洪水、水资源评价、四水转化模式、水资源规划等方面均有开创性研究，其主持的"我国水资源初步评价"成果填补了国内关于水资源评价理论和实践的空白。改革开放前他主要从事工程水文、暴雨洪水方面的研究;改革开放后,又致力于水资源评价、水资源规划等方面的研究和应用。

在水文科研方面,陈志恺主要完成了“中国暴雨洪水频率计算方法”“设计洪水和设计暴雨的计算方法”研究,为《设计洪水计算规范》的制订提供了科学依据。他主持并完成了《中国暴雨参数图集》和《中国水文图集》的编制工作,后者曾获得1978年全国科技大会自然科学奖。1963年和1975年他两次参加了海河和淮河上游特大暴雨的现场调查、报告编写和全国特大暴雨普查的工作。1975—1978年参加了《全国可能最大暴雨的计算方法》和《全国可能最大点暴雨等值线图》的编制工作,以及《设计洪水标准》和《设计洪水计算规范》的修订工作。1979年以后,主要对全国区域水资源问题进行研究。1981年配合全国农业区划工作方案,主持完成了中国水资源初步评价工作,为我国水资源评价的途径和方法取得了试点经验,开拓了我国水资源评价工作,填补了空白,该项研究成果于1985年获国家科技进步奖二等奖。1980年以后,京津冀鲁等地区持续干旱,出现了水资源危机,他作为主要负责人,完成了华北地区水资源数量、质量及其可选用量的研究,并通过大量试验研究,提出了“降水—地表水—土壤水—地下水”转化的关系模式,为统一各部门的地表水和地下水的评价成果提供了科学依据,该课题于1991年获得国家科技进步奖三等奖。

陈志恺于1985—1990年主持完成的“华北和胶东地区水资源开发利用和供需平衡分析”项目,获水利部科技奖一等奖。作为“八五”和“九五”黄河和西北水资源攻关项目顾问,他倡导将水资源与区域宏观经济、生态环境联系起来研究。在此期间,他参加了三峡工程论证、南水北调工程论证等工作和一系列水资源重大国际合作项目;参加了中国工程院主持的“中国可持续发展水资源战略研究”和“西北地区水资源配置、生态环境建设和可持续发展战略研究”等有关专题研究。陈志恺为我国工程水文设计、水资源评价与规划、水资源宏观战略的制定和实施做出了重要的贡献。

曹楚生

——坝工设计先行者

■ 曹楚生认为，水利水电事业是关系国家经济发展和民生安全的千秋大业。他说："每一个工程的成功，都要经过众人老实踏实地工作，要经过周密仔细的考虑……要百折不挠。"他始终把一切工作放到党和国家工作大局中去谋划，服务科研工作，聚焦国家重大需求，积极承担国家重大工程研究课题和关键技术研究课题。

曹楚生（1926—2017），江苏无锡人，中共党员，水利水电工程设计、水工结构专家，中国工程院院士，先后担任水利部北京勘测设计院，西北勘测设计院，第五、十三工程局设计院副总工、总工等职，天津大学教授。

曹楚生

1944 年，曹楚生以第二名的好成绩考取了上海交通大学，进入土木系学习。毕业后他留校担任高等钢筋混凝土结构、弹性力学等课程的助教，同时从事一些厂房、桥梁等的设计工作。

中华人民共和国成立后，曹楚生响应"到祖国最需要的地方去"和"一定要把淮河修好"的号召，带领当时的大四学生去治理淮河，从此开始了他的水利生涯。

曹楚生负责设计的工程有佛子岭连拱坝、磨子潭大头坝、响洪甸重力坝、盐锅峡水电站、碧口大坝等，其中在盐锅峡水电站建设时首次提出了坝体连同部分软基沿弱夹层滑动的计算方法，在当时有一定的创新意义。他是抽水蓄能技术的倡导者，推动了混合式抽水蓄能电站、零坍落度碾压式混凝土坝、微坍落度坝等工程的建设。他对水利水电工程计算机辅助设计、虚拟仿真计算、风险分析方面加以研究，并在开展风险设计、改进优化设计等方面取得重大进展。他参与了对重大工程如三峡、三门峡、龚嘴、二滩、小湾、李家峡、紫坪铺等的审查咨询论证评估工作。他所参与的诸多工程多为国内首建工程及重大工程，这些工程都经过了地震洪水的考验，迄今大都运行良好。

曹楚生长期在第一线从事具体的设计工作。20 世纪 50 年代，曹楚生在著名水利专家汪胡桢的指导下，负责设计佛子岭连拱坝、磨子潭双支墩大头坝和响洪甸重力拱坝，这三种坝型各具特色，都是国内首建。20 世纪 60 年代，曹楚生主持设计了黄河上最早建成、兼具灌溉效益的水利工程——盐锅峡水电站；70 年代，他负责设计了中国第一座大型碾压式堆石坝——碧口大坝；80 年代，他设计了潘家口水利工程，其中带宽尾墩的溢留坝属国内首次采用，是中国第一座大型混合式蓄能电站。

曹楚生在水工结构领域的创造性成就，为我国水利工程建设做出了突出的贡献。他积极投身治淮事业，服务西北水利建设，致力于开拓中国现代坝工事业，在设计构思上大胆创新，对具体结构设计及施工质量严格要求、一丝不苟，在我国各种坝的具体设计及结构型式创建和发展上做出了显著的成绩。他设计的潘家口和石漫滩工程获全国优秀设计金奖。1989 年，他获得“中国工程设计大师”称号。

潘家口水利工程

罗西北

——一颗红心向江河

■ 罗西北没等健康完全恢复，就带人前往黄河上游的黑山峡河段进行勘测设计，接着又到了世代无人居住、海拔3600米、缺氧三分之一，还是一号病（鼠疫）传染区的龙羊峡河段兴建龙羊峡水电站。高山反应让工作了一天的罗西北连关门的劲儿都没有；但他不吭一声。或许，此刻他的心里，为国牺牲的父亲在默默地鼓励他用自己所学回报这个国家，这样才不辜负党的培育。

罗西北

罗西北（1926—2005），湖南湘潭人，中共党员，中共早期领导人罗亦农之子，水电专家，原水利水电规划设计院院长。

罗西北出生后不久，母亲就不幸在苏联落水遇难，1928年父亲在上海牺牲，他2岁就成了孤儿。

1954年，从苏联莫斯科动力学院学成归国的罗西北一头扎进了新中国的水电事业。面对几乎是一片空白的江河水电开发领域，罗西北做好了画最新最美图画的准备。他在西南钻山沟，爬山坡，一条河一条河地搞普查、看落差、测水能、选坝址。他三次全程考察金沙江，四次考察澜沧江，七赴贵州研究开发乌江；从青海至宁夏1023公里的黄河上游，几乎都留下了罗西北的足迹。

罗西北一直从事水能规划及水利水电勘测、设计、施工技术工作，是中国动能经济和水能规划方面的知名专家。他参加了龙溪河、大洪河等河流规划和水电站的初步设计；参加了刘家峡、龙羊峡等大型水电枢纽工程的勘测、设计和施工；主持审查了水口、李家峡、岩滩、漫湾等一批大中型水电工程的可行性研究和初步设计；组织领导了黄河上游、乌江、澜沧江等大江大河的考察及治理工作；为三峡工程出谋划策，提出了“三峡工程防洪为主、发电为辅”的宝贵意见，建议同时建设上游的溪洛渡、向家坝两个水电站，以缓解泥沙淤积问题。

50 多年来，罗西北为我国水电水利建设事业做出了突出的贡献。在刘家峡水电站设计施工中，他和团队首次研制成功低流态混凝土新技术并推广，首次研究、采用了化学灌浆新技术。他 1981 年参加的“国家十二个重要领域技术政策”研究和 1985 年组织领导并参加的全国水力资源普查获国家技术进步奖一等奖。他对水电经济体制改革的一系列独到见解，如组建流域水电开发公司等，被中央和国务院采纳并付诸实施。

罗西北积极推动我国抽水蓄能电站的发展，参加指导了部分水利水电工程的评估和后评估工作，对水电开发布局、目标、实施提出了建设性的意见。

刘家峡水电站

罗西北理论基础扎实，善于与实践相结合，著有《河流与水电经济》《河流规划与水能资源的综合利用》《水资源开发实践与地区经济》等。这些著作是他几十年水电事业思想和经验的结晶，对中国水利水电事业产生了较大影响并发挥了指导作用。

潘家铮

——筑梦江河建三峡

■ 日本侵略军占领海南岛后，为掠夺铁矿资源，配套建造了东方水电站，仅用两年建成发电。“用掠夺与残暴换取的效率，质量可想而知。”日本投降后，水电站遭受特大洪水袭击，电站主要设备被冲毁，之后陷入死寂。潘家铮及其工程组接到了修复任务。当他走进工棚，却意外地发现一封封“绝命书”，字字句句是劳工的血泪控诉。“3000余劳工，饿死、病死，甚至奄奄一息就被活埋……最后只有约200人活了下来。”史料触目惊心，勾起他刻骨铭心的回忆。

1940年，绍兴沦陷，因过城门时未向日军哨兵行鞠躬大礼，13岁的潘家铮惨遭毒打，“亡国奴”的屈辱从此刻进他心底。想洗刷屈辱，唯有自强。他说：“国家的需要就是我的志向。”潘家铮心中迸发出水电兴国的信念之光。这道光，指引他与江河朝夕相伴，即使在生命的最后一刻，仍在忘我地工作。

潘家铮（1927—2012），浙江绍兴人，中共党员，水利水电工程专家、土木工程学家，中国科学院院士、中国工程院院士，光华工程科技奖成就奖获得者，著名科幻作家，曾任中国大坝委员会主席，国务院三峡工程质量检查专家组组长，国务院南水北调工程建设委员会专家委员会主任，清华大学教授、博士生导师。

潘家铮

1950 年，潘家铮毕业于浙江大学土木工程系，成为新中国第一代水电人。从 1950 年在钱塘江水力发电勘测处参加工作开始，他在科研之路、工程之路上驰骋大半个世纪，为中国水利水电事业做出了重大贡献。

1954 年，潘家铮奉调去北京水力发电总局，其后又任上海水力发电设计院技术员、工程师、组长工程师、设计副总工程师等职。1956 年，潘家铮主持设计了中国第一座坝顶泄洪的流溪河薄拱坝，开创了我国薄拱坝建设的先河。1957 年，潘家铮出任新安江水电站设计副总工程师，他创造性地将原设计的实体重力坝改为大宽缝重力坝，并首创抽排理论，采用抽排措施降低坝基扬压力，大大减少了坝体工程量。新安江水电站的基本建成，树起了新中国水电事业的第一座里程碑，而潘家铮创新的宽缝重力坝，为我国后来建设的丹江口、潘家口等十多座大坝树立了样板，成为国内广泛采用的坝型。

三峡水利枢纽工程

之后，潘家铮参加了长江北口潮汐电站，黄浦江拦江大闸，飞云江珊溪，九溪梯级电站，钱塘江潮汐电站，富春江七里泷水电站，乌溪江湖南镇水电站等工程的设计规划科研工作。1965 年他赴雅砻江参与锦屏水电站设计，开启了设计生涯的黄金时代。在这一时期中，他创造了多个“中国第一”：主持设计中国第一座双曲薄拱坝、第一座大底孔导流大坝、第一座双曲拱高坝……

而让潘家铮闻名世界的是三峡工程。他担任了三峡论证领导小组的副组长兼总工程师。从开工到竣工的十几年中，潘家铮挑起技术、建设、质量三副重担，任中国长江三峡工程开发总公司技术委员会主任，作为三峡大坝的总设计师，在三峡工程的建设中做出了重大的贡献。

朱伯芳
——科研有路勤为径

■ 朱伯芳治学有一个座右铭：白天好好工作，晚上好好学习。他把这个座右铭当作生活方式，并坚持了将近70年。朱伯芳何以取得如此卓越的成就？他说，一个根本的问题就是抓住自己的工作，把工作做好，在工作中学习，解决重大的、关键的技术问题。朱伯芳的一生谈不上传奇，但他创造的都是奇迹。他总结过两句话：一是，来自生产，高于生产，用于生产；二是，勤于工作，勤于学习，勤于思考。

朱伯芳，1928年出生于江西余江县（今余江区），水工结构专家，中国工程院院士，中国水利水电科学研究院高级工程师。

朱伯芳

朱伯芳早年就读于上海交通大学，因工作需要中断学业，前往佛子岭工地参与建设。1951—1956年，朱伯芳参加了我国首批三高坝（佛子岭坝、梅山坝、响洪甸坝）的设计，为我国坝工从无到有，掌握现代高坝设计技术做出了贡献，并有重要创新。在佛子岭工地，他技术和学术的航船正式起航。他的学习能力很强，也对学习充满了极大的热情。他主要致力于水工结构研究。他首创大坝混凝土标号分区技术，节省了巨额投资。1957年，他建立了水工混凝土温度徐变应力和温度控制的完整理论体系，解决了“无坝不裂”这个世界性难题。他首创拱坝优化的数字模型和解法，可节省10%～30%的坝体混凝土，这一方法已应用于小湾、锦屏、溪洛渡等高拱坝及其他大量拱坝，节约投资 20 余亿元。

朱伯芳首创混凝土坝仿真分析方法，推动了混凝土坝应力分析水平的提升。他建立混凝土坝数值监控方法，大幅度提高了混凝土坝安全监控水平。他发展了混凝土坝徐变理论，提出了两个徐变定理和一个新的徐变应力分析方法。研究成果在实际工程中得到了广泛应用，并被纳入重力坝、拱坝、水工荷载等的国家规范中。“水工混凝土温度应力研究”成果获 1982 年国家自然科学奖三等奖，“混凝土高坝全过程仿真分析及温度应力的研究应用”成果获 2000 年国家科技进步奖二等奖。

朱伯芳先后荣获国家自然科学奖 1 项，国家科学技术进步奖 2 项，国家级有突出贡献科技专家称号，国际大坝委员会荣誉奖，部级科技进步奖 8 项。他对三峡、小湾、龙潭、刘家峡等几十座水电站进行了大量研究，研究成果获得广泛应用，有 14 项成果纳入我国坝工设计规范。出版专著 10 部，正式发表论文 240 篇，是同时代大坝专家中最丰产的学者之一，他所著的《大体积混凝土温度应力与温度控制》《有限单元法原理与应用》分别被评为我国土建与水电专业最受欢迎的十本著作之一，英文版均已在国外出版。

朱伯芳是水工结构和固体力学专家，公认的中国混凝土坝温度应力、拱坝优化设计及混凝土坝仿真模拟的创造者和奠基人，在国内外坝工领域享有很高的声誉。他学识渊博，研究领域广泛深入，在高坝设计和筑坝技术方面尤为突出，造诣深厚，是中国高拱坝领域的权威学者。

佛子岭水库大坝

梁应辰

——黄金水道“筑路人”

■ 他无数次踏上那片土地，感受着三峡库区的风土人情。他曾说，建设三峡水利枢纽是我们水利工作者几代人梦寐以求的夙愿；读大学时，我们就知道美国有一个TVA（田纳西河流域工程），而现在我们也有一个YVA（长江三峡工程）；葛洲坝枢纽从广义方面讲是三峡枢纽的一部分，我有幸参加了这两个枢纽的建设，我感到非常骄傲。

梁应辰（1928—2016），河北保定人，中共党员，水道和港口工程专家，中国工程院院士，曾任交通部三峡航运工程航运领导小组办公室主任，交通部水运规划设计院院长。

梁应辰

“要吃饱饭就要种田，要种田就要水和肥料”，正是这样的想法，让从小饱受贫穷饥饿的梁应辰树立了学习水利的志向。1948 年，他选择了清华大学土木系水利组，从此与水利、水运结下不解之缘。

1952 年，梁应辰从清华大学提前毕业，被分配到天津塘沽新港，在这里他学到了受用一生的经验和技能。2 年后，由于国家建设的迫切需要，梁应辰被选派到苏联进行为期 4 年的波浪和海港码头结构的研究学习。留学期间，他考察了黑海沿岸的港口，增加了阅历，这为后来他参与港口建设打下了坚实的基础。

1958 年回国后，梁应辰立即投入新中国火热的建设中，协助设计了塘沽新港三码头。

水利工程建成后，一方面是防洪，另一方面就是发电、通航。1971年，梁应辰开始分管葛洲坝通航建筑物的设计工作。在葛洲坝这个他遇到的时间最长、困难最大、技术最复杂的项目的设计建设过程中，他克服了种种困难，完成了船闸总体设计，解决了泥沙淤积和通航水流条件以及船闸水工结构、输水系统等众多复杂问题，在通航枢纽规划、科研、设计工作方面积累了丰富的实践经验，并获国家科技进步奖特等奖。

三峡工程船闸

而三峡工程的建设，则是梁应辰与长江第二段缘分的开始。梁应辰参加了三峡工程各个阶段的相关航运工作，对三峡工程坝址选择、技术攻关、科学论证、重大关键技术问题的解决做出了贡献。他曾担任国务院三峡工程建设委员会三峡工程质量检查专家组成员，多次奔赴三峡工地现场，检查通航建筑物的工程质量。三峡工程船闸是三峡工程建设中技术最为复杂的工程之一，是世界上最大的双线5级船闸，全长6.4公里。梁应辰与其他专家共同解决了三峡船闸关键技术中的特大规模船闸总体设计、超高水头船闸输水、与高陡边坡岩体共同作用的大型衬砌式船闸结构、5级船闸监控系统以及船闸施工等在该领域尚未遇到过的技术难题。

梁应辰一生致力于水利航运事业，参加领导了多项大中型港口和航道的规划设计，可行性研究、审查，奉献了一生的才能和心血，尤其是在三峡航运工作领域中做出了重大贡献。

王三一
——大坝安全永记心

■ 王三一在唐山工学院土木系学习期间，担任学生会学习部长。他积极主动要求进步，1951年加入共青团。1952年，还在读大学二年级的他响应党和祖国“抗美援朝，保家卫国”的号召，毅然参加中国人民志愿军空军赴朝作战，他冒着敌机轰炸不断的危险抢修机场等设施，并被授予二等功。

王三一非常关心年轻知识分子的培养教育。有一次，他对年轻的知识分子谈道：“中国的发展走了很多弯路，现在是光辉灿烂的时代，人类历史上，无论科技、经济从来没有像今天这样高速发展，如此充满魅力。你们处在这样好的建设时代，比我刚来中南院时所做工程的规模和条件不知好多少倍，在这么好的时代，你们可以充分施展自己的才能，大展宏图。你们要珍惜光阴，努力学习，勤下工地，多干实事，刻苦钻研，多动脑筋，在实践中多磨练。”

王三一

王三一（1929—2003），浙江桐庐人，中共党员，水工结构设计专家，中国工程院院士。他出生于浙江桐庐的一个书香门第之家，父母言传身教，他从小就耳濡目染，明白要好好学习，长大之后利用所学建设祖国。

1948年，王三一考入唐山工学院土木系水利专业。在校期间，他加入中国人民志愿军赴朝作战。归国后，刚脱下戎装，他又怀着巨大的热情投入祖国建设。水利事业需要人才，他便从原先的土木系转入水利系学习，从此与水利水电结下了一生之缘。

新中国成立初期，条件虽然艰苦，但挡不住王三一建设祖国的巨大热情，江西、湖北、贵州等地都留下了他跋山涉水的足迹，他历尽艰苦，收集了一份又一份珍贵的第一手资料。王三一善于学习，始终用跨专业的思维去解决问题，并将其指导和运用到水电站的设计中。他强调设计工作一定要掌握和吃透第一手资料，为了获得切实可靠的实测资料，他常常往返于各个水电工地，爬高山，探险洞，小到几立方米的暗河洞都爬进去看。他说："不管这些洞穴多深、多窄、多险，都必须进去看清楚。"他常和地质人员一起攀缘 70 度以上的悬崖陡壁，亲自用地质锤一块一块地敲遍开挖后的石头，一丝不苟，严谨细致。

在 50 多年的水电生涯中，王三一设计了多座高坝和大型水电站，主持和参加了乌江渡、龙滩、东江、五强溪、白莲河等 40 多座水电站的勘测设计工作。从湖北到贵州，从花岗岩到石灰岩，王三一在高坝设计、复杂地基处理的领域里不断钻研，和他的同事们在岩溶地区这一"险区"里严谨论证、勇于挑战，解决难题，为在我国石灰岩地区建立高坝的技术攻关铺平了道路。

王三一主持设计的乌江渡水电站大坝是我国 20 世纪 70 年代在强岩溶地区建成的当时最高的大坝。经过多年运行考验，渗漏量极为微小，创造了一个奇迹。该工程针对坝址极为复杂的地形、地质条件，采用了下拱上重的拱型重力坝，高水头大单宽流量厂房顶和厂房前挑流泄洪，以及坝后厂房、溢洪道、开关站在窄河谷中重叠布置等多项创新设计。作为该工程设计技术负责人，王三一于 1985 年获国家科学技术进步奖一等奖。他主管设计的东江、五强溪（均获国家设计金奖）和大广坝、五里冲等工程在技术上也多有创新。王三一为我国水电建设事业和社会经济发展做出了突出的贡献，1994 年被授予"中国工程设计大师"称号。

乌江渡水电站

刘广润

——能蕴三峡利待兴

■ 29 岁的刘广润敢于向国外专家对三峡工程选址的"定论"提出挑战，不仅因为手中有大量实测科学数据，更重要的是，在他心中，祖国利益高于一切。他一生与三峡结缘，曾写道："大江歌罢掉头东，斧破巫山劲未穷。水漫吴楚灾须止，能蕴三峡利待兴……"

刘广润（1929—2007），河北宝坻县（今天津市宝坻区）人，中共党员，著名水文工程地质专家，中国工程院院士，华中科技大学教授，中国地质大学客座教授，中国地质科学院客座研究员。

刘广润

刘广润于 1952 年毕业于南京地质探矿专科学校地质专业，毕业后，他被分配到地质部黄河流域规划工程地质调查队，先后参加了包头至禹门口河段及万家寨、龙口坝址的地质调查工作。1955—1957 年，刘广润留学苏联，在苏联水电科学院进修水利工程地质学。学成归国后，成绩优异的他被分配到地质部三峡工程地质大队，任技术负责人，从此和三峡结缘。

在三峡工程的选址问题上，刘广润率领工程技术人员开展了大量的实地勘察，结合勘察结果，他认为美国垦务局设计总工程师萨凡奇选择的南津关不适合作为三峡坝址。南津关石灰岩岩溶发育强烈，地下空洞较多，而三斗坪是火成岩-花岗岩地层，风化层下面坚实稳固完整。作为当时长江三峡工程地质勘查的技术负责人，在三斗坪坝址的正确选择问题上，他立下了汗马功劳。

20世纪八九十年代，刘广润任三峡工程科技攻关“长江三峡工程重大地质与地震问题研究”课题专家组组长，峡谷间、绝壁边、险滩之上，都留下了他的足迹。他指导、带领技术人员完成坝区地壳稳定性、水库岸坡稳定性、水库诱发地震等重大专题研究，为三峡工程的决策和优化设计提供了重要的科学依据。

1985年，长江广家岩至新滩镇一线发生重大滑坡，新滩古镇被摧毁，长江断航。而就在两年前，刘广润等专家对这一带的滑坡风险已做出预判，并建议将新滩镇搬迁。正是因为他们科学的预判以及相关部门及时动员、准确预报，这次大滑坡险区内的457户1371人无一人伤亡。滑坡发生后，刘广润不顾自身安危，手拿竹竿，在滑坡区仔细探查，观察滑坡体向长江的形变情况，并做出了长江可以恢复通航的判断，避免了更多的经济损失。

2003年，三峡大坝第一期工程即将蓄水发电。国务院成立了长江三峡库区地质灾害防治工作领导小组，刘广润被任命为专家组组长，他组织对三峡库区地质灾害防治工作进行了各类有关论证，提出了大量防治方案。

从三峡航道安全、库区安全，再到中下游地区安全，刘广润心中始终牵挂的是地质灾害给地方及人民生活带来的危害。人民的生命安全高于一切，他曾说，要对党和人民负责。因为从事长江三峡地质灾害治理，保障水库蓄水、移民工程的人民生命安全，他被誉为长江三峡工程的“侦察兵”“三峡卫士”。他的研究成果曾获国家科学技术进步奖一等奖、国家优秀科技图书奖，获部级科技进步奖2项，曾被授予“李四光地质科学奖”和“有重大贡献的地质工作者”荣誉称号，而作为长江三峡工程三斗坪坝址的主要推荐者，他的这一贡献将永为后人铭记。

陈明致

——踏浪弄潮任驱驰

■ 陈明致认为，“科教兴国”战略是符合国情、顺应民心的治国安邦大计，他为以水利事业的发展推进实施这一国家战略殚精竭虑。身为中国工程院院士，他一向主张：中国水利应走改革之路，创新之路，发展之路，以水支持国家发展，确保人民用水安全。他始终把国家和人民的利益放在心中。

陈明致（1929—2008），福建福州人，中共党员，水利工程专家、坝工专家，中国工程院院士，曾任水利部松辽水利委员会总工程师。

陈明致

1950年，陈明致以优异的成绩毕业于上海交通大学。当时，他本可以留在上海，但他舍弃了上海优越的工作与生活条件，投身关外，来到了百废待兴的大东北。同年7月他进入东北人民政府水利总局任技术员。

此后的50多年里，陈明致主要从事水利水电工程的规划与设计及技术领导工作。他先后参与或主持了50多座水利水电工程的设计与审查，包括辽宁的大伙房水库、清河水库、太平湾水库，吉林的丰满水电站，广西的大藤峡水利工程等。在大伙房水库设计施工过程中，他首创土坝稳定分析和隧洞衬砌设计新方法，通过勘探试验，提出将土坝截水壕从6米加宽到15米，结合水泥灌浆，该试验取得成功并得到推广。20世纪70年代，他组织领导设计白山水电站，通过采用三心圆重力拱坝、坝面掺气槽等一系列技术，工程量得以缩减,避免了气蚀,防止了断层破碎带滑动。他还参加了十余个省的 20 多个水利枢纽的方案研究和病险加固方案论证,如湖北的丹江口、河北的潘家口和岳城、山西的册田、贵州的天生桥一级、新疆的吉林台等工程。

1995 年,他参加南水北调工程论证工作并担任线路组组长;1996 年起担任黄河小浪底水利枢纽工程建设技术委员会主任;1974—1976 年参加非洲等 5 个国家的水电站的设计和审查。

1983 年,陈明致受命组建松辽水利委员会。1984—1993 年,他主持了《松花江辽河流域水资源综合开发利用规划》的编制工作,并担任协调组组长。该规划 1994 年经国务院批准实施。

白山水电站

陈明致一生为水,为中国水利事业尤其是东北水利水电建设事业做出了重大贡献。

林　皋

——大坝抗震学科开创者

■ 林皋心里始终怀揣的一个梦想是："我们是一个建坝大国，但我们还要向建坝强国挺进！"2008 年，汶川大地震的消息让林皋寝食难安，其中紫坪铺水库大坝的安全最让他牵挂。"当时，就相当于在成都百姓的头上悬了一大盆水，大坝一旦出了问题，就是不得了的事情。"当时他虽已是 79 岁高龄，但仍然坚持亲自到现场查看。危难之际，林皋想到的是"国家需要，就是我们的行动指南"。一座座大坝是他向科学更高峰攀登的缩影，国家在发展，在前进，他也在不断拓展新的研究方向。他孜孜以求、以科研服务国家需求的脚步从未停歇。

林皋，1929 年出生于江西南昌，中共党员，水利工程与地震工程专家，中国科学院院士，大连理工大学振动与强度测试中心主任、教授。

林皋

林皋 1951 年毕业于清华大学土木系，1954 年毕业于大连工学院(现大连理工大学)水能利用研究班，后留校工作。1981 年，他被评为我国水工结构专业首批博士生导师，培养出了一大批行业人才，学生中有不少人成为行业领军人物、单位的学术领导人或技术骨干。

除了教学外，他还长期从事水工结构工程领域的科学研究工作，在水坝抗震理论和模型实验技术、地下结构抗震分析和混凝土结构动态断裂技术理论研究方面做出了重要贡献，在解决大坝、海港、核电站等工程抗震这一关键技术领域发挥了重要作用。

林皋是我国大坝抗震学科的主要开创者之一。他率先在国内开展了第一个拱坝振动试验，进行了土石坝抗震试验技术的科研攻关，解决了大型工程结构抗震的关键技术问题。1956 年，广东流溪河拱坝采用坝顶挑流方案进行泄洪，大连工学院承担试验研究工作，初出茅庐的林皋勇挑重担，主持试验工作，一年多时间就完成了我国第一个拱坝振动试验，论证了坝顶挑流泄洪方案的可行性，为设计提供了有力的技术支持。1958 年，土石坝抗震技术在我国几乎是空白。当时在云南强震活动区进行以礼河土坝工程建设时，林皋等人开展了我国第一个支墩坝模型的纵向弯曲抗震稳定试验，并提出了拱坝与重力坝地震响应的计算模型。这项研究成果最终对工程进行了恰当的抗震安全评价，提出的抗震措施为工程单位所采用。1978 年，他在试验室仪器设备匮乏的情况下，通过自主研发直接摄影法，开展了当时全国最高的拱坝——白山拱坝的抗震试验，获得了拱坝正、反对称振动的前 9 阶振型。1985 年，林皋临危受命，编制动力计算程序进行分析计算，他的有关丰满大坝抗御岩塞爆破安全的研究成果获国家科技进步奖一等奖。

林皋负责多项“六五”“七五”“八五”“九五”国家科技攻关项目，以及国家自然科学基金重点项目，提升了我国大坝抗震技术研究水平。他在混凝土材料动态特性、结构与流体的动力相互作用，结构与无限地基动力相互作用方面也拥有创新性成果。

丰满大坝

林皋在大坝抗震领域深耕不辍，潜心专研，提高了我国大坝抗震设计和安全评价的水平，使我国大坝抗震研究的高度达到世界前沿水平。

邱大洪

——江南水乡的大海赤子

■ 幼年的邱大洪看到日本侵略者肆意烧杀抢掠，科学救国成了他心中强烈的愿望。1947 年，邱大洪考入清华大学土木工程系。1949 年初，北平解放，正在读大二的邱大洪跟随解放军到城里去做宣传，生平第一次真正看到劳苦大众的真实生活，这更坚定了他人生的信念：到祖国最需要的地方去。毕业时，邱大洪毅然放弃了留校任教的机会，响应新中国“到工业建设的第一线去，到东北去”的号召，来到中国共产党创建的新型大学——大连工学院。

邱大洪，原籍浙江吴兴（今属湖州南浔），1930 年出生于上海，海岸和近海工程专家、海岸和近海工程学科的开拓者之一、教育家，中国科学院院士，大连理工大学教授。

邱大洪

1951 年，邱大洪毕业于清华大学土木工程系。他响应国家号召，来到大连工学院（现大连理工大学），从此走上三尺讲台。他执教杏坛 70 余载，桃李满天下。作为我国第一个开设海港工程专业的院校，大连工学院培养了一批国内最早的海港方面的专家学者，其中大部分毕业生都是邱大洪的学生。执教期间，他承担了港口及港工建筑物、工程水文学、波浪理论等多门专业基础课和专业课的教学任务。

邱大洪坚持教学、生产和科学研究工作相结合，在浅海波浪、波浪力和不规则波等领域开展了创造性研究工作。他年纪轻轻就勇挑重担，独当一面，1958 年担任了当时亚洲最大的大连渔港技术项目的总负责人；1973 年担任中国第一座现代化的原油输出港大连新港的主要技术负责人，主持码头造型、总体和结构设计，并任施工现场的设计代表，这项工程的设计和研究，全国科学大会奖和国家建委 70 年代全国优秀设计金奖；1983 年担任开发中国南海北部湾的石油资源联合设计组组长和技术总负责人。

邱大洪主要从事海岸工程、港口工程和近海工程中的应用基础和工程设计方面的研究和技术工作。他发展了浅水区非线性椭圆余弦波的工程应用理论和试验验证，总结了不规则海浪和椭圆余弦波对常见海工结构作用力的实用计算法，系统地研究了波浪在海床中的渗流与海工结构的相互作用，其研究成果为海岸工程设计提供了更符合实际的科学依据。

大连渔港

邱大洪还先后参加了秦皇岛油港、海军浮码头、连云港集装箱码头、深圳赤湾港集装箱和散粮码头、海南岛油码头、广东珠江崖门出海航道工程、上海港洋山深水港区、长江口深水航道工程、河北省唐山市曹妃甸造地工程、浙江省温州市瓯江口治理工程、海南省洋浦港等工程的模型试验、设计、科技咨询和顾问工作。

邱大洪扎根东北，与海为伴，在码头、油港、航道工程技术领域做出了重大贡献。

卢耀如

——道向力行地球人

■ 2019 年对于卢耀如来说是特别的一年。“今年我 88 岁，是我加入中国共产党 66 周年，参加工作 66 周年，是开始学地质学 70 周年。”他选择在这个时候个人捐资 360 万元人民币，在同济大学教育发展基金会下设立“卢耀如生态环境与地质工程激励基金”，用于支持、推动生态环境与地质工程相关学科向世界一流学科迈进，支持这些学科的人才培养、科学研究及成果转化等。捐赠仪式上，他赋诗一首：“春光明媚心潮涌，借改李诗抒怀感。春蚕到死丝方尽，蜡炬成灰能始干。生当强国好奉献，死应报民留善安。新时代今三佳年，余生逐梦仍未酣。”

卢耀如

卢耀如，1931 年出生，福建福州人，中共党员，工程地质、水文地质与环境地质学家，中国工程院院士，同济大学教授、博士生导师。

卢耀如于 1950 年考入清华大学地质系，并在当时国家建设的需求背景下，开始进行地质与水利土木学科交叉学习。1952 年院校调整后进入北京地质学院，后曾随外国专家学习，1953 年提前毕业，同年加入中国共产党。

毕业后，卢耀如从地质大队队员做起，唱着《勘探队员之歌》，从东北到新安江，开始从事水文地质勘测工作。1954—1956 年，他负责郏县水库的勘测；1956—1957 年，参加官厅水库勘测；1961—1963 年，在黄河龙门枢纽水文地质工程地质研究队工作;1978—1990 年,他参与解决了乌江渡、东风等高坝及水电站建设中的岩溶难题。卢耀如长期从事岩溶及有关水文地质、工程地质、环境地质实践与研究,建立了岩溶发育与工程环境效应系统理论,参与实践及指导水利水电、铁道、矿山及城镇工程勘测研究。在淮河、新安江、海河、长江、黄河、珠江及其他流域,他负责及指导官厅、新安江、三峡(石灰岩坝区)、乌江渡等一百多座大中小型水利水电枢纽的勘测与研究工作;也为矿山、铁道、机场、码头以及城乡建设开展有关调查研究和指导工作。他致力于地质灾害防治,建立地质-生态环境的新理论,推动了西南地区脱贫与可持续发展,为防灾兴利提供决策依据。

1954 年,卢耀如负责调查新安江水库库区喀斯特渗漏与方案比较问题;1956 年,负责研究对京津构成威胁的官厅水库大坝渗漏与塌陷问题。随后为长江三峡工程负责碳酸盐岩比较坝区(其中包括美国工程师萨凡奇选择的坝线)的勘测研究。这三个工程是他最为看重的:在新安江水库的工作中确定了新安江库区不存在喀斯特渗漏大问题、一级高坝开发比多级开发好这两个问题;在官厅水库建设中,他汇报了水库渗漏和塌陷的原因并提出处理方案,解除了万一坝体塌陷对北京、天津造成巨大威胁的风险,保护了城市及人民群众的安全;在三峡工程坝址的勘测中,他的工作得到了认可。

官厅水库

20 世纪 60 年代初,卢耀如主持建立了我国第一个岩溶研究室,并倡议建立岩溶地质研究所。他曾任我国援外大型水利工程的高级专家,主持了首届岩溶地区可持续发展国际学术会议;曾获全国科学大会奖、地质科技奖、全国优秀科技图书奖及李四光地质科学荣誉奖。由于在岩溶研究方面做出的突出成就,他被国内外学者誉为“喀斯特卢”(Karst Lu)。

窦国仁

——溪柳自摇沙水清

■ 作为留苏学生，出发前，窦国仁和同学们受到了刘少奇和周恩来的接见。刘少奇说："现在的任务是建设国家，建设国家需要人才，现在国家还相当艰苦，花一大笔钱把你们送出去学习，这是一个投资。你们的任务是回来后建设国家，任重而道远。你们一个人的生活费、学费，需要国内17个工农生产的东西供应，要珍惜这个机会。"这句话深深印在了窦国仁的心上，他感到使命在身、责任重大。尽管是同一批留苏学生中年龄最小的，但窦国仁学习尤为刻苦，并最终获得了技术科学博士学位。一次朋友欢聚，大家一块去观看一部有关中国的电影，谈论中有位苏联朋友讥讽反映当时中国尚且落后的镜头，窦国仁奋力争辩。窦国仁曾说，真爱国是要到哪儿都爱国，尤其是到了国外。

窦国仁（1932—2001），辽宁北镇人，中共党员，泥沙及河流动力学专家，中国科学院院士，曾担任南京水利科学研究院名誉院长、高级工程师。

窦国仁

1951年，窦国仁考入清华大学电机系，后前往苏联留学，在苏联列宁格勒水运学院水利工程系就读于港口航道专业。他在苏联学习期间，非常刻苦，于1959年获副博士学位。1960年，年仅28岁的他就获得了技术科学博士学位，成为留苏学生中少有的拿到博士学位的佼佼者。同年，他回国进入南京水利科学研究院工作，主要从事河流泥沙及泥沙运动基础理论的研究，对解决钱塘江、长江口泥沙淤积提出了高水平见解。他导出了非恒定流不平衡输沙方程，提出了泥沙起动流速计算方法、泥沙沉降统一公式、平原冲积河流和潮汐河口的统一河床形态方程等重要研究成果，在其他工程实践中得到广泛应用。

20 世纪 70 年代，窦国仁在葛洲坝工程中和其他同志一起，承担解决泥沙淤积的任务。他一心研究泥沙物理模型试验理论，建立了全沙物理模型试验理论，得到成功应用。这一全沙物理模型成为解决重大水利工程泥沙问题的有效手段。这项研究成果作为“葛洲坝二、三江工程及水电机组研究”获 1985 年国家科学技术进步奖特等奖。

20 世纪 80 年代，窦国仁开展了河床随机理论研究，全面系统地阐明了河床紊流和减阻流的脉动结构、时均结构和阻力规律，从理论上导出了各脉动特征值和谱函数公式。这项研究形成了主要由紊流随机模型、壁面绕流机理和紊动发生概率三部分组成的河床紊流随机理论，获 1987 年国家自然科学奖二等奖。

80 年代后期，窦国仁参与了长江三峡工程泥沙问题研究。他作为三峡工程论证阶段泥沙组副组长，解决了三峡工程可行性论证中的泥沙淤积攻关问题；从理论和实践两方面解决了变动回水区长河段泥沙物理模型的关键技术问题，发展了河道二维全沙数学模型，建立了世界上最长的(800 米)河道泥沙模型，研究了三峡工程各水位方案的泥沙淤积情况及对航运的影响，成果获交通部 1989 年科技进步奖一等奖。

90 年代，窦国仁开展了黄河小浪底水库泥沙问题研究，建立了高含沙水流输沙公式及其模型相似律，开展了波浪作用下及波浪潮流共同作用下河口泥沙问题研究，建立了波浪潮流作用下的河口海岸泥沙数学模型。在黄骅港、长江口深水航道治理中，他开展的泥沙回淤研究为这些工程的建成提供了科学依据。窦国仁为我国水利水运事业倾注了一生心血，为把南京水利科学研究院建成一流科研院所做出了卓越贡献。

茆　智

——节水灌溉先行者

■　抗战时期，在四川期间，茆智曾多次遇到山洪爆发、江水泛滥，目睹淹地、毁屋、灾民四处流离的惨状。这一切，在他幼小的心灵中留下了深深的烙印。从此，他下定决心将来要选择水利专业，学会治水、防灾，造福于民。

茆智

茆智，1932年出生于江苏南京，中共党员，农田水利专家，中国工程院院士，武汉大学教授、博士生导师，曾任水利部科学技术委员会顾问、国家节水灌溉工程技术中心（北京）工程技术委员会主任。

1953年，茆智毕业于华东水利学院（现河海大学），他提前一年大学毕业，因为当时正值我国第一个五年计划正式开始实施，国家急需大量支援社会主义建设的科技人才。他在填写毕业分配志愿表时，只写了六个字：华北、东北、西北。他积极响应国家号召，去河北农学院水利系任教。

1955年，全国高校院系调整，茆智被调往武汉水利学院（现武汉大学）农田水利系任教。多年来，他在农田灌溉的教学、科研与生产方面，特别是在灌溉工程及其用水管理的理论与技术方面取得了多项成就：提出了先进、实用的需水量和灌溉实时预报理论与方法和水稻节水高产的灌溉模式，首创性地提出了水分生产函数时空变化规律和作物受旱复水后生长产生“反弹”

的理论及其指导节水灌溉的方法，为灌溉工程的运行、规划设计和水资源开发利用提出了先进、实用的节水理论与技术。

20世纪50年代，茆智率先提出了依据水汽扩散原理推算作物需水量的方法。他以水汽扩散原理为基础，提出以日照、气温、风速与栽培水平为指标的分阶段计算水稻需水量的方法，是我国最早的按成因理论计算需水量的半经验方法之一。

20世纪80年代以后，茆智研究节水条件下农作物的需水规律，提出了农作物需水量与灌溉的实时预报方法。该方法促进了农作物的节水高产，受到当时联合国粮农组织和国际灌排委员会的高度评价，被鉴定为"国际先进水平"，荣获1995年水利部科技进步奖二等奖。

节水灌溉

90年代，茆智主持了"水稻水分生产函数及稻田非充分灌溉原理研究"等项目。他在国内外首次发现水稻水分函数与反映大气干湿程度综合气象指标——参照作物需水量存在密切关系，提出了相关数学模型，并根据该模型提出探索与分析作物水分生产函数时空变化规律的理论与方法；在节水机理方面，提出了作物早期和中期受轻度、中度干旱再复水后作物的生长与耗水会产生"反弹效应"的理论，提出了利用"反弹效应"指导节水灌溉和非充分灌溉的方法，为指导田间节水灌溉探索了新的途径。他的节水灌溉研究成果在诸多省市应用、推广，创造了巨大的效益，促进了水资源的可持续合理利用和经济社会的发展。

陈厚群

——大坝上的追梦人

■ “只要祖国需要，甘愿到任何地方。”陈厚群说，“我现在已是奔90岁的年纪了，回望过去的岁月，我把自己的人生称为追梦人生。从年轻时到现在，祖国强盛是我一生的夙愿。只要祖国需要，我随时准备出发。”

陈厚群，1932年出生于江苏无锡，中共党员，水工结构专家，中国工程院院士，曾任中国水利水电科学研究院高级工程师、工程抗震研究中心主任。

陈厚群

1950年3月，陈厚群进入清华大学土木系学习。1956年1月，陈厚群加入中国共产党，多次获得“优秀共产党员”称号。1958年2月，陈厚群从苏联莫斯科动力学院毕业后回国，进入中国水利水电科学研究院结构材料研究所工作，担任专业组组长，由此开始了他的水利人生。

陈厚群先后主持并作为主要骨干完成了刘家峡、新丰江、枫树坝、白山、二滩、东江、小浪底、拉西瓦、小湾、三峡、溪洛渡等许多大型工程的结构抗震研究，为解决重大工程问题提供了科学依据，取得了一定的社会和经济效益。鉴于重大工程抗震问题的复杂性，陈厚群注重分析计算的试验和实测检验。20世纪80年代初，他负责建置了中国第一座大型三向六自由度模拟地震振动台，被国内外同行评价为“世界最佳坝工抗震试验设备”。他先后为三峡工程、秦山核电站和大型油罐、北京电视塔等重大工程的结构和设备进行了抗震验证。

陈厚群主编了首部水工抗震国家标准——《水工建筑物抗震设计规范》，填补了我国水工抗震设计标准空白；建立工程抗震研究中心，作为项目负责人主持开展“九五”国家重点科技攻关项目“300 米级高拱坝抗震技术问题”研究；“东江拱坝坝体库水地基动力相互作用现场试验研究”项目获国家科技进步奖二等奖；研究高性能并行“云计算”大坝抗震分析软件，获天河应用创新优秀奖。在三峡工程中，他前后多次参与各项研究工作，2005 年参与了三峡工程齿条爬升式升船机的抗震设计研究工作；2008 年在“三峡工程试验性蓄水阶段性评估报告”项目中任地震地质组副组长。在西部高拱坝抗震安全等抗震研究上硕果累累，为高坝大库安全运行保驾护航。

陈厚群先后获得国家有突出贡献的中青年专家、全国水利系统特等劳动模范、全国先进生产者称号和全国五一劳动奖章；2001 年获何梁何利基金科学与技术进步奖；2009 年获光华工程科技奖；2011 年获国际大坝委员会终身成就奖。

东江拱坝

当选院士后，他勇担重任，任南水北调工程建设委员会专家委员会主任，带领专家团队走访工程现场，进行质量检查和技术指导，为南水北调工程做好咨询工作和保障建设。2012 年，他又担任三峡工程质量检查专家组组长，数十次带队深入现场，为三峡工程安全高效建设和运行保驾护航，其中，关于三峡升船机的抗震设计等级建议，为国家节省了十几亿元资金。2020 年，他被授予“最美科技工作者”称号。

韩其为

——从小溪到大河的传奇院士

■ 韩其为的经历颇有几分传奇色彩，因为他是一位没有正式上过大学的中国工程院院士。年纪小、学历低在韩其为的眼中从来不是攀登科学高峰难以逾越的障碍，他相信凭着自己的努力，小溪一样可以成为大河，自己一样能达到心中所仰望的高度。他凭着对泥沙事业的热爱与执着，破解了泥沙学科的不少难题，取得了开创性的成果。

韩其为

韩其为（1933—2019），湖北松滋人，中共党员，泥沙与河床演变专家，中国工程院院士，中国水利水电科学研究院一级教授级高级工程师。

1950年韩其为成为长江水利委员会沙市水文站的一名工作人员；1961—1965年脱产至武汉水利电力学院（现武汉大学）和武汉大学数学系进修深造；1965—1980年在长江科学院工作；1980年调至中国水利水电科学研究院工作。

韩其为长期从事泥沙运动理论、水库淤积、河床演变及工程泥沙研究，建立了泥沙运动统计理论体系，奠定了泥沙理论研究的基础。1984年他出版了《泥沙运动统计理论》，这本书凝聚了他研究泥沙运动统计和水库淤积这一世界难题的成果，得到了国内外同行的认可，引起很大反响。韩其为采用力学与随机过程结合的途径建立了较为完整的泥沙运动统计理论体系，有显著的开创性，鉴定后被评价为“达到国际领先水平”，对泥沙运动理论的发展起到了推动作用,1993 年获国家自然科学奖三等奖。

《水库淤积》

在水库淤积方面,他对不平衡输沙、异重流、淤积形态、变动回水区冲淤、回水抬高、淤积物干容重、水库淤积控制等均进行了专门研究,基本完成了对水库淤积由定性描述到定量表达的过渡。同时,对水库下游河床变形、含沙量恢复、床沙粗化以及河型转化等也进行了深入研究。他的研究深入揭示了泥沙起动机理,研究了其统计规律、输沙率与起动的统一、起动的数量标准、非均沙分组起动以及细颗粒成团起动等。

《推移质运动统计理论》

韩其为深入研究了非均匀悬移质不平衡输沙,在扩散方程底部边界条件、挟沙能力级配、恢复饱和系数、粗细泥沙交换、床沙质与冲泻质统一运动规律等方面有多项突破和创新,是国内最早正式使用的用以计算水库淤积的数学模型。这个模型后来被应用于三峡水库淤积的预报,为工程提供了有力的技术支撑,并被广泛应用于许多大中小型水库的淤积研究,1988 年获国家科技进步奖三等奖。

韩其为建立的水库淤积与河床演变一维数学模型理论基础强、功能全,泥沙计算详尽、参数固定、通用性好,达到国际先进水平。他在丹江口、葛洲坝、三峡、大腾峡、东风、向家坝、三门峡、小浪底等水库工程泥沙方面做了多项研究。他长期主持三峡水库淤积、下游河道演变研究,揭示其原理、技术上的可行性和经济上的合理性。韩其为对长江中游江湖关系及洪水变异、黄河下游河床演变及淮河根治也均有深入研究和独到见解。

韩其为一生致力于研究泥沙运动,在推移质扩散、单颗泥沙运动上形成了多项创新成果,开拓了床面泥沙交换、输沙率随机模型等领域,奠定了水库淤积的理论基础,为我国泥沙治理事业做出了重大贡献。

张楚汉

——“立地顶天”的学者

■ 张楚汉院士曾说：“‘立地’就是要基于国家的工程实践，‘顶天’是指瞄准世界科学前沿，做研究要有长远规划、锲而不舍，做系统性的研究……‘勤学多思，溯根探源’是我座右铭的上联，‘律己助人，求实尚美’，这是下联，我们培养高尚的道德素质，就是要‘律己助人’，要善良，要诚信。”

张楚汉

张楚汉，1933年生于广东梅州，水利水电专家，中国科学院院士，清华大学教授。他于1957年从清华大学水利系毕业后留校任教至今；1976—1978年担任北京市密云水库抗震加固设计组组长；1978—1981年在美国加州大学伯克利分校土木系和地震工程研究心做访问学者；1983年起，参加国家“七五”“八五”“九五”科技攻关项目研究，重点结合中国高坝建设任务对高拱坝抗震安全分析的理论、方法开展研究；1988—2000年被聘为加拿大蒙特利尔Concordia大学兼职客座教授。

张楚汉紧密结合我国水利水电高坝工程实践开展研究，悉心研究高坝抗震问题，在高坝动静力破损机理和安全评价问题的应用基础理论、分析模型和评价体系等方面取得突破，填补了空白，提出了高坝-地基-库水系统非线性动力损伤开裂分析模型，可以综合考虑无限地基辐射阻尼、横缝几何非线性等关键影响因素；提出了高坝动静力超载破坏的非连续全过程仿真分析模型，实现了高坝结构在动静力荷载作用下连续-断裂-非连续-破坏的全过程仿真；提出预测新建高坝安全性态的工程类比法以及三级承载评价指标，建立了科学性与工程实用性相结合的高坝安全评价体系；建立了模拟混凝土骨料、砂浆与界面的细观力学仿真模型，加深了对混凝土材料动力特性的认识。以上成果在我国高坝工程中得到广泛应用，解决了高坝安全评价的关键技术难题，推动了我国高坝水电站建设的发展。

工程实践方面，张楚汉及其团队完成了三峡、二滩、小湾、溪洛渡、锦屏等30多项高坝工程的关键技术研究与安全评价。在国家重大水利水电工程项目咨询活动中，他主持或参与了如南水北调、西南大水电站群开发、怒江保护与开发、唐家山堰塞湖整治与北川地震遗址保护、水利学科发展战略、雄安新区生态水城建设、黄河水与工程方略等项目。

张楚汉在研究中运用动力边界元法与断裂力学原理，提出重力坝地震断裂与拱坝裂缝扩展模型，将这一模型发展到各向异性介质与非线性混凝土材料，进行了动力断裂试验验证，应用于多座混凝土坝抗震设计。他提出时域动力边界元与离散元耦合模型，应用于大型地下厂房以及三峡船闸高边坡变形稳定预报。

张楚汉先后获国家自然科学奖三等奖、国家科技进步奖二等奖、全国科技大会奖、国家优秀教学成果一等奖等省部级以上奖励20余项，以及清华大学突出贡献奖、叶剑英奖等，为美国土木工程学会会员，中国水利学会名誉理事，中国大坝工程学会常务理事，水利部科技委委员，国家科技奖评审委员，*Journal of Earthquake and Tsunami*，*Earthquake Engineering and Engineering Vibration* 等国际刊物编委。

沈珠江

——“南水模型”创立者

■ 沈珠江领导的课题组进行的是数值分析研究，理论性强，科技含量高，开创性工作量大，经济效益往往较低，并且是周期长、难度大的“硬骨头”，但沈珠江总是从国家需要出发，从来不讨价还价，以国家利益为重，不计报酬。

沈珠江（1933—2006），浙江慈溪人，岩土工程专家，中国科学院院士，南京水利科学研究院高级工程师，清华大学水利水电工程系教授。

沈珠江

他1953年毕业于华东水利学院（现河海大学），1960年获莫斯科建筑工程学院副博士学位。他先后参加了上海港码头变形治理、渤海湾海洋钻井船稳定性等项目的研究。在之后的工作中，他把苏联学者的静力分析理论和美国学者的运动分析理论结合起来，建立了土体极限分析理论，并提出了软土地基稳定分析的有效固结应力法。20世纪70年代后从事土体本构模型及数值计算方法研究，提出多重屈服面、等价应力硬化理论和三剪切角破坏准则等新概念，建议了两种新的弹塑性模型，发展了有效应力分析方法，开发了六个有限元分析程序，广泛用于大型土石坝工程的计算；开辟土体结构性模型研究的新方向，提出了新的胶结杆元件和一种基于损伤概念的双弹簧模型，设想了现代土力学的基本框架，即土体逐渐破损、非饱和土固结、液化破坏三大基础理论，涵盖计算、工程、实验、应用等领域，为中国土力学及岩土工程的理论发展、学术创新做出了卓越贡献。

沈珠江一生致力于土木、水利的基础学科——土力学的研究，在软体地基、土石坝工程计算方面取得了丰硕的成果。沈珠江建立了“南水模型”（这个“土体弹塑性本构模型”于20世纪70年代末诞生于南京水利科学研究院，故称），是他学术研究生涯中的一座丰碑。这个模型被应用于开发土石坝总应力法应变分析计算程序，为三峡工程深水围堰、天生桥一级电站建设做出了贡献。沈珠江的另一个研究焦点是非饱和土。我国重点工程“南水北调”中线从丹江口到北京的总干渠工程就在非饱和土区域内。对这一区域的研究关系到工程的安全，沈珠江带领团队开展了对非饱和土的研究，为“九五”国家科技攻关项目“南水北调总干渠工程的边坡稳定”完成了理论准备。

沈珠江参加了长江三峡工程深水围堰、黄河小浪底大坝、天津新港、上海港等国家多个重大工程关键技术问题的研究和咨询工作，为中国水利水电和水运事业做出了重要贡献。1994年，沈珠江当选为《岩土工程学报》主编，在他的带领下，该刊物逐渐成为广受我国岩土工程界欢迎的重要刊物。

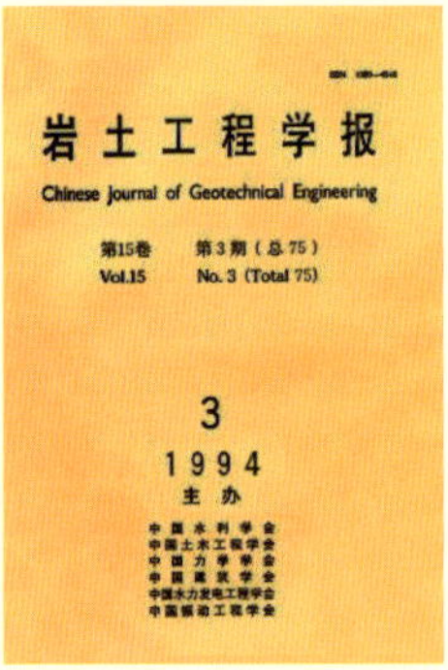

《岩土工程学报》

作为知名学者和人大代表，沈珠江不仅在专业上兢兢业业，勇攀科学高峰，还密切关注着国家、社会的发展，对环境问题积极建言，不断做着自己的努力。他怀着对科研的热爱和对祖国的深情，在书房里不知疲倦地审阅着论文、稿件，在院里对学生谆谆教导、关怀备至。这一切都体现着他勤奋、严谨、求实、创新的科学精神和对国家、对社会的强烈责任感。

罗绍基

——南粤大地弄潮儿

■ 罗绍基说："如果说我在水电工程上有一些成绩的话，那也是国家经济发展的结果。有了改革开放才有了更好的经济发展。"作为抽水蓄能技术领域的先行者和开拓者，他清楚地认识到，科学技术的进步、人民生活水平的提高紧紧依托于伟大的国家战略，他扎根于国家给予的广阔平台，服务于国家和人民的迫切需求。他始终坚持改革的思维、开放的视野，用"敢于创新，勇于实践"来指导自己的思想与行动。

罗绍基

罗绍基，出生于1933年，广东南海人，中共党员，发电工程专家，中国工程院院士。

1951年，罗绍基考入清华大学水利系水能利用专业；1955年毕业后进入电力工业部中南勘测设计院工作，历任技术员、工程师、设计总工程师、高级工程师，副院长、院长；1985年，任水利电力部华南电网办公室主任；1988年起历任广东省电力工业局副局长，广东抽水蓄能电站联营公司总经理、教授级高级工程师；1995年获"全国劳动模范"称号；1999年当选为中国工程院院士。1997—2005年，他任广东抽水蓄能发电有限公司顾问、教授级高级工程师，广东省科学技术协会委员，中国水力发电工程学会名誉理事，广东省水力发电工程学会名誉理事长，三峡工程质量检查专家组副组长，国内多个抽水蓄能电站工程咨询专家。

20 世纪 70 年代，他任湖南凤滩水电站设计总工程师，成功组织设计了我国第一座高 112.5 米的空腹重力拱坝内厂房，解决了狭窄河谷厂房布置和大泄洪量的矛盾，节省了投资。

20 世纪 80 年代末，他从水电设计工作转向水电站建设、管理工作，在水电站建设的实践中走出了一条创新之路，为中国水电建设事业做出了卓越贡献。1988 年，罗绍基调任广东省电力局副局长兼广东抽水蓄能电站联营公司总经理，负责组织建设当时世界上装机规模最大，我国第一座高水头、大容量的抽水蓄能电站——广州抽水蓄能电站。当时施工时间紧，条件艰苦，他和工人并肩作战，在库盆里同吃同住。在他的带领下，工程建设者克服种种困难，通过引进技术与合作的方式，解决了关键技术难题。该工程建设的科研成果“广州抽水蓄能电站建设关键技术的研究与实践”获 1997 年国家科技进步奖二等奖及 1995 年广东省科技进步奖一等奖，广州抽水蓄能电站一期的勘察、设计分别获得国家优秀勘察设计奖银奖和金奖，二期工程分别获得国家优秀勘察设计奖银奖和铜奖。广州抽水蓄能电站建设实现了我国抽水蓄能电站建设起步晚、但起点高的目标，其综合技术已达到世界先进水平，其成功经验也逐渐在全国水电厂管理中推广，大幅提高了中国水电厂的管理水平。

罗绍基在广州抽水蓄能电站的建设中进行了卓有成效的改革。其中包括对建设管理体制改革，实行项目法人责任制；对运行体制改革，建立了一套无人值班、少人值守的管理模式，也使我国跨进百万千瓦级水电厂实现无人值班的行列；对经营管理改革，率先实践了容量租赁经营，为我国抽水蓄能电站的发展开拓了空间。

退休后，罗绍基还担任了山东泰安抽水蓄能电站顾问、云南大朝山水电站专家组专家、安徽桐柏抽水蓄能电站世界银行特别咨询团成员，为中国水电事业继续贡献着力量。

陆佑楣

——长风破浪建三峡

■ 是留在家乡上海享受繁华的都市生活，还是出去闯一闯？“好男儿志在四方！”陆佑楣去了黄河刘家峡水电站工地，一去就是14年。

陆佑楣

陆佑楣，江苏太仓人，1934年出生于上海，中共党员，水利水电工程专家，中国工程院院士，河海大学教授、博士生导师。

1956年，陆佑楣毕业于华东水利学院（现河海大学）河川结构与水力发电专业；1956—1970年，参与黄河刘家峡水电站建设，担任刘家峡水力发电工程局技术科科长；1970—1975年，参与汉江石泉水电站建设，担任水电部第十五工程局技术科科长；1975—1983年，参与、组织汉江安康水电站建设，任水电部第三工程局处长、总工程师、副局长；1983—1984年，组织黄河龙羊峡水电站建设，任水电部第四工程局局长；1984—1988年，担任水利电力部副部长；1988—1992年，担任能源部副部长；1993—2003年，担任中国长江三峡工程开发总公司总经理；2003年，当选为中国工程院院士。

从华东水利学院毕业之后，陆佑楣告别了繁华的都市，背起行李，怀着满腔热情，来到黄河刘家峡水电站工地，在辽阔的大西北开始锤炼自己，从刘家峡到石泉，再到安康，又到龙羊峡，陆佑楣在一个又一个的工程实践中积累了大量的知识、经验，提高了自己的业务水平和组织、领导能力。

一纸调令下达，陆佑楣来到北京，担任水利电力部副部长。8年间，他推进了水电建设体制改革；参加了三峡工程的论证并担任论证领导小组副组长，以严谨的科学态度与众多专家合作，圆满完成了三峡工程的最终论证报告，为推动三峡工程的上马做了大量的工作；促进了南方电网的形成，实现了初期的“西电东送”。1993年，陆佑楣作为国务院三峡工程建设委员会委员、中国长江三峡工程开发总公司总经理，领导三峡工程的建设，并成功探索实践了“三峡模式”。这是一项伟大的使命，工期长达17年，包含了这宏伟工程的建设和长江上游水利水电滚动开发，如此重任，陆佑楣勇于担当，正视困难，充满信心。陆佑楣得以从一个普通的工程师成长为指挥“千军万马”的施工局长、水电部副部长、中国长江三峡工程开发总公司总经理，水电建设事业的艰苦实践，把他锻炼成为既懂水电又善管理的将帅型专家。

三峡水利枢纽工程

2002年，他荣获国际大坝委员会颁发的终身成就奖，2015年荣获世界工程组织联合会工程成就奖。

刘昌明

——一心爱水为昌明

■ 刘昌明在莫斯科大学学习时，面对老师对他“为什么要选择水文水资源学”的提问，他的回答是，水资源和人类生产生活密切相关；其次，中国是水资源很缺乏的国家之一，选择水文水资源学是为了祖国的需要。他最认同爱因斯坦的相对论，认为宇宙间只有相对，没有绝对。他说，正如相对论，即使一个人有了一定成绩，即使一个人有了一定建树，他仍然需要学习，需要钻研，知识有限学无限，学习永无止境。

刘昌明，1934 年出生于湖南汨罗，水文水资源学家，中国科学院院士，中国科学院地理科学与资源研究所研究员、博士生导师。

刘昌明

1956 年，刘昌明获“优等生”称号，从西北大学毕业，被分配到中国科学院地理研究所工作。1960 年，他前往莫斯科大学地理系学习。

学成回国后，刘昌明在中科院地理所创建了国内第一个人工降雨径流实验室，结合户外的降雨径流站点试验，积累了大量的第一手数据资料。20 世纪 60 年代末，他推导并构建了小流域最大流量的计算公式，研究暴雨时空分布、入渗产流坡面汇流等。1978 年，小流域暴雨洪峰流量计算方法获全国科技大会奖。

刘昌明发展了地学方向的水文学和水资源研究，在水循环、产汇流模式、水文试验、农业水文、森林水文、生态与环境水文、气候变化与人类活动对水文水资源影响等方面有诸多建树；将水文学的地球物理、工程方向与农田水利等学科相结合，在水文与水资源研究中开拓创新，解决了缺少资料地区小流域暴雨洪水计算困难的难题；在南水北调环境影响的研究中，发展了地理系统分析，建立了模型；在水文过程、水量转化及调控研究中提出的多水转化，深化了水循环理论，提倡的雨水资源化具有概念上的革新。

针对国家的南水北调工程规划，他提出了对调水量的水文地理系统分析方法，发展了区域水分、热量理论方法在水量配置中的应用，并且提出了工程对环境影响的评价方法；针对粮食生产的农业供水问题，提出了节水农业的系统理论，承担了“七五”期间的黄淮海攻关，组织领导了“八五”国家重大基金“华北主要节水农业应用基础研究”等多个项目，发展和丰富了节水农业理论，包括“五水”转化，区域水资源开发与生态保护的“四大平衡”理论，农业水资源评价方法以及农田水分运动过程节制的界面理论与划分等新论点；为国家的水资源问题进行咨询研究。1999—2004 年执行完成了国家“973”重大项目“黄河水资源演化规律与可再生性维持机理”。

他是成因水文学的开创者，我国无资料地区水文预测的先锋，国内第一个人工降雨径流实验室的创建人，“资源-生态-环境-灾害-工程”为一体的水科学内涵的提出者。他致力于“读”水、“懂”水，对水资源进行“节流”“开源”，提出“健康河流”的评价理念和方法，是水资源的守护者。

王思敬

——善思敬学的岩土专家

■ 1954年，年仅20岁的王思敬和同学们一道从满洲里出国，进入莫斯科地质学院，开始了他长达8年的留学生涯。"当列车经过乌拉尔山脉时，透过车窗，我们看到了许多现代化的工厂，"王思敬说，"那一刻，我切身体会到了我们国家的差距，也是在那一刻，我们下定决心，要学最先进的技术，然后回来建设祖国。"

王思敬，祖籍安徽，1934年出生于上海，工程地质、环境地质和岩体力学专家，中国工程院院士。他1959年毕业于苏联莫斯科地质学院，获地质工程师学衔，1963年获苏联地质矿物科学院副博士学位。

王思敬

王思敬长期致力于地质与力学、地质与工程相结合的研究，在岩体结构理论、工程地质力学领域做出了重大贡献。他在工程岩体变形破坏机制研究的基础上，发展了岩石工程稳定性分析原理和方法。他提出了人类工程活动与地质环境依存关系和相互作用的理论，率先开展了工程建设和地质环境相互影响与制约的研究，开拓了环境工程地质领域，为工程和城市建设地质环境研究提供了理论基础。

王思敬对若干重大水利水电工程进行了研究和论证，为解决关键地质问题提供了依据。他参与并指导了三峡工程前期地质地震论证，对雅砻江二滩水电站的可行性和坝址工程地质条件进行了遥感、地质、岩石力学的多学科综合论证；承担了黄河小浪底、红水河龙滩，金沙江向家坝、虎跳峡、广州抽水蓄能电站等的研究、咨询和评估工作。他对三线若干大型国防地下工程喷锚支护和洞室稳定性做出了评估，在金川镍矿、地下核爆炸及工程防护的地质研究方面也做出诸多贡献。

红水河龙滩水电站

王思敬先后开展了攀枝花西昌地区环境地质和城市建设规划研究，最早建立了攀枝花城市地质信息系统，开展了北京等城市地质环境研究，参与了香港滑坡灾害及信息系统的研究，取得了重要的进展。

他曾受聘于若干大学，是香港大学和同济大学名誉教授，加拿大西安大略大学(现韦仕敦大学)、意大利卡塔尼亚大学及南京大学、中山大学、吉林大学的客座教授，担任中国科学院冻土工程国家实验室及工程地质力学开放实验室学术委员会主任；撰有《坝基稳定性工程地质力学分析》、《地下工程岩体稳定性分析》、《区域发展战略规划的地质环境研究》(*Geoenvironmental Consideration in the Strategic Planning of Regional Development*)等专著。

王思敬曾获中国科学院科技成果奖一等奖、国家自然科学奖三等奖等多项奖励，获国际工程地质与环境学会最高学术奖 Hans Cloos 奖；曾获东南亚岩土工程学会卓越贡献奖。他于 1987 年当选为国际发展地球科学家协会(AGID)理事长，1998 年当选为中国岩石力学与工程学会理事长，同年当选为国际工程地质与环境学会(IAEG)理事长，在国际岩土工程界享有很高的声望。

葛修润

——如磐的岩石人生

■ 从苏联回国以后，葛修润没有选择回上海工作，而是服从国家需要，去了武汉岩土力学研究所。他说："我是上海人，在上海工作当然不错，有自己的家人、朋友在身边。而国家需要我到武汉工作，在那儿我更能够发挥自己的专业特长。我们那个年代的年轻人，思想比较单纯，我们为自己考虑得很少，而视国家的利益、祖国的需要高于一切。我觉得我们应该始终把国家的利益放在第一位，不要过多计较个人得失。如果从事原子弹、火箭卫星研发的专家也只想着个人利益，没有爱国和奉献精神，他们怎么能取得举世瞩目的成就呢。"

葛修润

葛修润，1934 年出生于上海，中共党员，岩土力学专家，中国工程院院士，中国科学院武汉岩土力学研究所研究员，中国科学院岩土力学重点试验室学术委员会主任，上海交通大学岩土力学与工程研究所所长。

在清华大学学习了 1 年后，葛修润前往苏联，在敖德萨建筑工程学院水利系学习，1959 年毕业并获得副博士学位。同年回国后在中国科学院武汉岩土力学研究所任研究员、岩土力学研究室主任。

葛修润长期从事岩石力学与重大岩土工程科研工作，是我国岩质边坡研究领域的学科带头人之一。20 世纪 60 年代初期开始的大冶铁矿南邦边坡研究是我国最早的结合大型原位试验的著名工程，开创了我国边坡研究新局面、新阶段。葛修润克服困难，完成了此项边坡研究任务的稳定分析计算报告和岩体力学试验总结。他先后主持和参加十多项大坝岩基、地下洞室，特别是岩质边坡等重大工程项目的研究工作。他主持铜绿山铜矿、永平铜矿、海南铁矿等大型矿山边坡工程和银山铅锌矿、武山铜矿尾矿坝这类特殊土坝的坝坡稳定性评价及整治工程，社会、经济效益显著。他主持完成的大冶铁矿北邦滑坡整治与监测工作被鉴定委员会评为“国际先进水平，同类边坡工程范例”，获1994年湖北省科技进步奖一等奖；“广州抽水蓄能电站蚀变花岗岩膨胀和力学性能研究”获1990年中国科学院科技进步奖二等奖。

葛修润被誉为“最早将有限元法引入我国岩体工程学研究的先驱之一”。由他主持的以国产X-1机为对象编写的能解决大型平面课题的有限元程序，得到广泛应用。1974年，他主持完成了葛洲坝二江泄水闸稳定性非线性有限元分析，获1985年国家科技进步奖特等奖，为葛洲坝工程建设做出了贡献；1978年，他主持的“有限单元法在岩体力学中的应用及非线性分析方法”研究被中国科学院授予重大科研成果奖。他主持完成的“三峡工程左厂1#～5#坝段深层抗滑稳定有限元分析研究”成果，为解决三峡工程中最重大的达十余年的岩石力学问题争论起到了十分重要的作用，并被三峡大坝的技术设计采用。他主持的“隔河岩水电站重力拱坝有限元非线性分析”课题获1990年国家科技进步奖三等奖；主持合作完成的“三维无界元和节理无界元”获1990年中国科学院自然科学奖三等奖。

葛洲坝二江泄水闸

葛修润作为一名岩土工程专家，在我国大型水电工程领域取得了一大批重要研究成果，为我国水利水电事业做出了重大贡献。

谢世楞

——万里海岸写春秋

■ 鉴于谢世楞“进修生”的身份以及中国当时港口和海岸工程的实际水平，拜克尔教授开始安排谢世楞研究海浪对海堤上人工护面块体的内力分析工作。谢世楞一听，心就凉了半截：“这方面研究在国内也能做，学不到拜克尔教授的核心技术，我何以提升国内港口建设水平、报效祖国？”他大胆地说出了自己的想法，拜克尔教授在惊诧之余也深为谢世楞的爱国热忱、求学精神感动，决定让他研究当时最前沿的波浪冲刷理论——这也成为他的专长。

谢世楞(1935—2018)，祖籍宁波慈溪，出生于上海，中共党员，港口与海岸工程设计专家，中国工程设计大师，中国工程院院士。

谢世楞

他于1956年毕业于大连工学院(现大连理工大学)，历任交通部水运设计院技术员，交通部第一航务工程勘察设计院设计室主任、副总工程师、高级技术顾问等职。1958年以后，他相继参与了秦皇岛港8号、9号泊位沉箱码头和防波堤的新建工程，天津新港南、北防波堤整治工程，青岛港的防波堤工程以及天津新港大沽灯塔的设计工作等。

1979年，谢世楞作为访问学者进修于荷兰德尔夫特理工大学。1981年，他提出了直立式防波堤前海底冲刷的计算方法。论文发表后，成果被多国有关文献多次引用，该方法也被称为“谢氏理论”和“谢氏公式”，被纳入当时的交通部防波堤规范，并被收入美国《海岸工程手册》。同年，谢世楞回国后，结合中国港口和海岸的特点，形成了多项研究成果，在水工建筑，特别是深水防波堤方面独树一帜，在海港水文上造诣深厚，为中国港口设计和海岸工程做出了重要贡献。

1998—1999 年，谢世楞提出了在淹没情况下半圆型防波堤上的波浪计算公式，已在长江口深水航道整治工程中被采用。

谢世楞完成设计及研究 100 多项，其中有国家重点及大中型项目 40 多项，先后获国家优秀奖设计金、银质奖和国家质量银奖 6 项，国家科技进步奖一等奖 1 项，国家科技进步奖二、三等奖 3 项，交通部优秀设计奖一等奖 5 项，交通部科技进步奖 3 项，联合国发明创新科技之星奖 1 项，并有 3 项研究成果获国家专利授权。1999 年，他获“中国工程设计大师”称号，并当选为中国工程院院士。

李佩成

——西北执着寻水人

■ “我们这一代人，从骨子里恪守学术传统，就是在科研实践中始终坚持求是、求真和经世致用。求是，就是尊重规律，追求真理；求真，就是实事求是，科学严谨；经世致用，就是有益于天下，有益于将来，服务于国家和人民。”这是李佩成的学问之道，也是他终生秉持的学术信念。

李佩成

李佩成，1934 年出生于陕西乾县，中共党员，农业水土工程及水资源与环境专家，中国工程院院士，长安大学教授、博士生导师。

1952 年高中毕业后，李佩成考入西北农学院水利系。1956 年，他以全优成绩毕业，并留校任教。1958 年，他通过了留苏研究生的选拔考试，后来几经周折，终得以前往苏联。他在苏联提前完成了副博士学位论文，系统地提出了渗流计算的“割离井法”理论，推演出相应的计算公式，数据编绘出辅助解算图表。回国后，先后在西安交通大学、陕西工业大学任教。

李佩成主持修建富平地下水库试验工程，负责泾惠渠总干渠改线工程的勘测设计工作，主持完装了我国第一台大型水力积分仪。他为建立农业领域地下水开发利用工程技术体系做了大量奠基性工作。他创立了排灌井群渗流计算“割离井法”理论，促进了井群设计中重大难题的解决；合作研发成功黄土辐射井，出水量比当地其他井型大 8～12 倍，推广至十余省市，并从理论上突破了“黄土不能成为含水层”的传统认识，获全国科学大会奖；他研究的轻型井，获国家发明奖四等奖；前瞻性提出“三水统观统管”理论及相应技术方法，用于防治盐渍灾害，扩大灌溉水源。他开拓性推进旱区农业发展与生态环境建设，倡议并负责建成中国第一个旱区农业研究中心、国际旱区水资源与环境研究中心。

1993年，西安爆发大规模水荒。李佩成紧急向陕西相关领导提交了《群峪协井、两水并用——关于完满解决西安供水水荒问题的建议》，提出著名的“群峪协井、两水并用”的西安水荒解决思路，成功地解决了城市用水困难。

泾惠渠总干渠

2003年起，李佩成主持了六项与“中国西北地区山川秀美科技行动计划”相关的项目，包括中国西北不同生态区域山川秀美试验示范区建设与重大科技难题研究、阿拉善盟腰坝绿洲地下水资源承载力及可持续利用研究、干旱半干旱地区水文生态及水安全学科创新引智基地建设等，为再造山川秀美大西北提供技术支持。

张勇传

——白水鉴心　若水情怀

■　抗战时期，年幼的张勇传目睹了日本侵略者蹂躏家乡，人民四处逃难的悲惨情景，并因此激发了立志为国家强盛而努力的斗志。18 岁那年，他搭乘一只小木船，度过家乡的白河，去参加人生最重要的考试——高考。1954 年，长江遭遇了百年一遇的全流域洪水，正读大学二年级的张勇传不惧危险，和同学们一起前往一线参加抗洪抢险。他始终心怀家国，为了事业全身心地投入。他说："怎样才能留住人生的春天呢？这就要把我们的青春、智慧、力量融入我们的事业中去。"

张勇传，1935 年生，河南南阳人，中共党员，水电能源专家，中国水电能源科学的开拓者，中国工程院院士，华中科技大学教授、博士生导师。

张勇传

1957 年，张勇传毕业于华中科技大学水电专业并留校任教。他 28 岁时就编著出版了《水电站水库调度》一书，这是我国水库调度领域的第一部著作，显示出他当时出色的科研能力和钻研精神。

1979 年，张勇传主持和负责柘溪水电站优化调度，为这个"靠天吃饭"的水电站解决了发电效率低下、不均等的难题，柘溪水电站由此成为我国第一个成功实现优化调度的大中型电站。随后国家将这一成果进行全国推广，将之应用于全国 34 座水电站，创造了巨大的经济效益。

张勇传在水库运行基础理论、规划决策、风险管理和实时控制方面都有重要创新，实现了多个“第一”。他首次提出了“偏优损失”概念，并在此基础上提出偏优特性的计算方法和基于这一特性处理库间补偿的微增原则，提出多站径流的T变换卡尔曼滤波算法。他首次提出多时段间相关联系的判别原则、直接相关和传递相关的要领，推导了其相互之间的定量关系；给出用马尔科夫链描述径流分布中偏态系数的理论计算公式，建立了典型径流过程概念和径流典型分解正交有效算法。他首次提出凸动态规划和水调对策论，首次提出的传递相关概念及相应的判别准则以及RBSI技术，解决了库群优化的“维灾”难题。他首次提出的隐随机决策模式、洪水分型和分型归纳演绎预报模式为相关研究开拓了新的方法。他首先提出了“数字流域”的概念，并开展了系统的研究。他首次将博弈论、控制论、不确定性理论等运用到水电和水库调度中，其理论在丹江口、三峡等特大水库和水电站中得以应用。

柘溪水电站

张勇传将水电能源理论、优化理论、控制理论、不确定性理论以及人工智能、神经网络、模糊分析等技术进行综合交叉，为现代水电能源理论、现代水库运行理论的创立和发展做出了重要贡献。他的研究成果曾获国家科技进步一等奖、三等奖。

张勇传在科学研究的创新之路上一路前行的同时，在高等教育教学战线也硕果累累、桃李天下。他在华中科技大学耕耘了半个世纪，培养了大批优秀人才。在古稀之年，他出任华中科技大学文华学院第一任院长，成为全国第一个正式出任独立学院院长的院士，带领团队创造了二级学院发展史上的“文华奇迹”。

崔政权

——移民信任的“勘察大师”

■ 崔政权一生简朴，工作不求索取，生活上无所要求，以共产党员的标准严格要求自己。每次到库区，他都要交代接待人员：“国家现在还不富裕，有几个蔬菜就足够了，千万不要大鱼大肉，浪费了太可惜。”在查勘地形时，他总是带着方便面、矿泉水，有时向老乡买几个红薯，用水兑碗包谷面糊当饭吃。

崔政权（1935—2005），出生于吉林省和龙县，中共党员，中国工程勘察大师，水利部科技委委员、长江水利委员会科技委顾问、长江委综合勘测局总工程师。

1956 年，崔政权毕业于东北地质学院（现长春科技大学）水文工程地质系，立志献身祖国的水利地质事业。大学毕业后，他曾在地质部三峡大队工作，随后被分配到长江水利委员会勘测部门，先后负责长江上各水电站的地质勘察。外业上的锻炼，使他逐渐成长起来，成为实践工作的高手、新技术的排头兵。1984 年，他留学归来，出任勘测总队副总工程师。

崔政权（中）在工作中

1991 年，崔政权奉命担任三峡库区迁建选址和地质论证的总负责人。这项工作直接关系到库区 100 多万移民的福祉和三峡工程能否顺利进行。三峡库区地质构造复杂，崔政权每年多次巡查库区，行程达数千公里，足迹踏遍了三峡库区的每个角落。通过进行大量细致的地质调查和勘测工作，他最终摸清了移民城镇选址的地质情况，为城镇迁建选址提供了地质依据，有力指导了迁建工作，被誉为三峡库区地质“活地图”和库区地质灾害防治第一人。历时5年，崔政权呕心沥血，以高度的责任感和使命感完成了三峡库区迁建新址选择，形成地质论证初勘、详勘报告1000余万字、图纸10000余张，在选址上为三峡库区新城建设避免了20余亿元损失。他竭尽心力，为三峡百万移民找到了安稳的家园，为三峡移民工程做出了巨大贡献。新家园建好后，他又提出在库区建立地质工作站，长期监测地质灾害预报和新建城镇运行，地质站成了库区、新家园的守护神。

巫山全貌

崔政权在科技创新之路上也取得了很大的成绩。1984—1991年，他任研究所科研副所长，参加主持了相关国家重点课题，如“系统工程地质与岩土工程研究”，首创了岩体水力学和岩溶作用平衡理论。他建立了岸坡变形、失稳预测理论与方法论，拟定的“长江三峡工程岸坡变形、失稳监测预报系统”，开创了库区地质灾害防治的先河。他提出了“坠覆体”这一概念，并以此指导了巫山新县城的选址工作。

崔政权在繁忙的工作之余，还撰写了《系统工程地质导论》，这一专著也标志着他的“系统工程地质”理论与方法论的建立，该书荣获水利部优秀专著奖。这一成果也开辟了工程地质学新的领域，创立了国际工程地质学的第五大学派。

1994年，他被授予“中国工程勘察大师”称号。2007年，水利部追授他“杰出水利科技专家”荣誉称号。

陈德基

——立根原在石岩中

■ 陈德基餐风宿露几十年，披荆斩棘数十载，想得最多的是工程、大坝基础的稳定，给大坝找一个“家”，而对他自家的“安乐窝”却没有刻意去想过，从不关注个人的得失。

陈德基，出生于1935年，贵州平坝人，中共党员。他是中华人民共和国成立后培养出的第一批工程地质学家，是我国首批工程勘察大师之一。

陈德基

陈德基于1953年毕业于柳州高级工业学校水利科，1957年在北京地质学院(现中国地质大学)水文工程地质系进修2年。他长期致力于水利水电工程的地质勘察工作，曾任长江流域规划办公室勘测总队总工程师、长江水利委员会综合勘测局局长、长江勘测技术研究所所长，是长江水利委员会地质事业发展的见证者。

参加工作后，陈德基和同事们利用地质力学理论，围绕丹江口工程区域性断层和坝区地质构造开展了一系列的专题研究。这些研究工作不仅有助于澄清当时丹江口工程构造稳定性的争论，并为后来成立勘测技术科学研究所奠定了基础。在他的水文地质工作生涯中，他参与和主持了长江流域众多大中型水利水电工程的地质勘察和相关问题的研究，如乌江渡工程初步设计、丹江口工程的区域构造稳定性研究、南水北调陶岔渠首的早期勘察、万安水电站的坝址比选等。

在葛洲坝工程设计施工中，陈德基参与了葛洲坝工程软弱夹层、大江河床断裂构造和强透水带重大地质问题的研究。1977年起，他担任三峡工程设计单位的地质专业技术负责人，将全部精力投入领导和组织三峡工程的地质勘察与研究工作，参与三峡工程论证。他直接组织并参加编写三峡工程三斗坪坝址与太平溪坝址比较地质报告、蓄水位方案初步设计地质报告。工程开工后，他和驻工地的设计、地质人员研究安排了施工初期的施工地质工作。在三峡工程各建筑物地基开挖过程中，针对主体工程施工和运行中可能出现的重大地质问题，陈德基利用十余项地质与勘察技术方法，跟踪并及时解决施工地质难题，为工程顺利施工和运行安全提供了可靠的技术支撑，为三峡工程的建设做出了重要贡献。

万安水电站

作为工程地质专家，陈德基参加了国内许多大型工程的技术讨论、咨询、审查和验收，如新滩滑坡预测、深圳机场场道地基勘测、黄腊石滑坡的治理勘察等，均取得了巨大的社会和经济效益。

1990年陈德基被授予“中国工程勘察大师”称号，1991年被授予“有突出贡献的中青年专家”，同年获国务院政府特殊津贴，1997年被授予“全国优秀科技工作者”称号。

徐瑞春

——一生勘探清江王

■ 1956 年 6 月至 12 月，徐瑞春在山城重庆北碚实习期间，获知我国将在长江三峡建坝的消息，踌躇满志的他便把毕业去向选定在长江，发誓要在长江水利建设中施展自己的聪明才智，报效祖国和人民。在毕业座谈会上，平时少言寡语的徐瑞春走向主席台吐露他欲参加长江三峡建设的心声。他说："哥伦布发现新大陆的时代已经过去。但就在我们的脚下，在地球深处还有很多的奥秘，有待我们去揭示。长江水利水电工程建设呼唤年轻一代，让我们以实际行动给母校多传胜利的捷报！"

徐瑞春，1936 年出生，黑龙江纳河人，中共党员，全国工程勘察大师，曾任长江委三峡勘测设计院总工程师、综合勘测局副总工程师。

徐瑞春(左二)在工作中

徐瑞春 1956 年毕业于东北地质学院(现长春科技大学)水文工程地质系。毕业后，徐瑞春千里迢迢地从东北平原来到长江边，怀着极大的热情加入了长江流域规划办公室的勘察队伍。他参加了金沙江综合查勘队，从此开始了自己的勘探人生，与高山峡谷、激流险滩为伍，与风霜雪雨、雷鸣电闪结伴。他后来又两次前往金沙江勘测，为长江上游多座水利枢纽的前期勘察工作奉献了自己的青春。

在葛洲坝工程建设中，徐瑞春勇挑重担，迎难而上。他作为工程的主要地质技术负责人，全面参加并主持了葛洲坝工程的勘察和施工地质工作。他对葛洲坝工程地质中涉及的枢纽寿命的“坝基软弱夹层”问题进行了深入的研究。为了解决坝基剪切带问题，他带领勘测地质队员用两年多的时间，查清葛洲坝坝基下72层层间剪切带，并提出了剪切带的建层、分类及空间分布规律。这一重大技术问题的突破，为现场设计和优化设计提供了科学依据，在葛洲坝施工解决大坝地基基础处理问题上发挥了重要作用。

徐瑞春参加并主持了隔河岩、高坝洲、水布垭等水利水电枢纽工程的地质勘察与施工地质工作。在水布垭这个中国当时最高的混凝土面板堆石坝工程中，他成功解决了复杂的环境地质问题。他领导和主持了清江三个大型水库内170余个滑坡、危岩体勘测研究，为滑坡治理和移民安置做出了贡献。经他策划、组织、领导并参与的清江流域基础地质研究的八大课题在流域基础地质研究方面处于全国领先地位。

1993—2000年，徐瑞春兼任长江水利委员会清江地质大队大队长，后又被聘任为清江流域地质总工程师。他爬遍了清江的崇山峻岭，摸透了清江隔河岩、高坝洲、水布垭三个坝址的地质结构。在他查勘成果的支持下，清江的建设者们首战隔河岩，再战高坝洲，最后挥师水布垭，清江流域水电开发取得了令人骄傲的成就。徐瑞春也在清江水利水电开发建设中被誉为“清江王”。

徐瑞春的代表作《红层与大坝》较系统地收集了国内外在红层上建坝的实例，全面分析了建坝中所出现的地质问题，并以工程实例说明提出了解决这些问题的办法，丰富了我国水利水电工程地质宝库。

徐瑞春先后获得重大工程国家勘察金质奖、全国工程勘察金质奖、全国第六届优秀工程勘察金质奖等多项殊荣。2004年，他被评为“中国工程勘察大师”。

徐麟祥

——水利"补白"大师

■ 徐麟祥总是把人民的需要摆在首位。当回程的机票和地震灾区的水库察看任务同时摆在面前时，他毅然选择了留在灾区继续工作。徐麟祥说，我要用自己所有的力量，回馈长江、回馈人民。他说，作为终生从事水利事业的一个老水利人，当3亿立方米水威胁着百万人的生命安全时，我应该留下，运用我在多年的治江实践中积累的经验，为灾区人民不再经受第二次灾难而尽一点绵薄之力。

徐麟祥

徐麟祥，1937年出生，浙江嘉兴人，全国工程设计大师。他1959年毕业于清华大学水利系水工结构专业，1994年起任长江水利委员会长江勘测规划设计研究院总工程师。

20世纪60年代开始，徐麟祥负责在丹江口大坝补强处理的试验研究工作中对大坝进行补强设计，采用水泥灌浆与对贯穿裂缝进行混凝土槽回填等补强措施，使丹江口大坝达到了设计标准的要求。70年代，在对葛洲坝水利枢纽的黏土质粉砂岩及软弱夹层的试验研究中，徐麟祥负责二江泄水闸基础处理设计，成功地解决了在软弱岩层上修建大型泄水闸的基础处理问题，在"红层"上筑坝和对坝基岩体内含有软弱夹层的处理正是由他的经验总结而来。

1985年，徐麟祥主持并负责了隔河岩新型重力拱坝的设计。他和团队克服当时软硬件设施落后的困难，解决了拱坝的应力问题、二岸拱座稳定问题、边坡稳定等问题，成功地设计出上重下拱、不同灌浆运程的新型重力拱坝坝型，并通过了1998年水库超蓄水位的考验。这一新颖的坝型填补了我国坝工设计的空白，获得了水利部优秀工程设计奖金奖和全国第八届优秀工程设计奖金奖。

隔河岩水电站

1991年起，徐麟祥作为设计院技术负责人主持高坝洲水利枢纽初步设计，对重大技术问题进行决策。该工程在坝体结构布置、消能方案、RCC围堰、水轮机蜗壳等设计中采用了较多先进技术，节约了几千万元投资，缩短直线工期近十个月，确保了提前蓄水发电目标的实现。大坝经受了1998年特大洪水及水库超蓄水位的考验，该工程设计分获水利部和国家优秀工程设计奖金奖。

1994年徐麟祥作为设计院总工程师开始主持三峡水利枢纽工程技术设计、招标设计及施工详图设计的水工部分。他主持的“三峡船闸陡高边坡关键技术研究”在船闸高边坡设计中成功解决了边坡稳定与中隔墩的利用问题，比初步设计节省大量工程投资，验收时被评为“国际先进水平”。

徐麟祥在他的水利生涯中，既有从无到有的“设计”，又有“胜似新生”的完善和加强，为已建成的丹江口、葛洲坝、隔河岩、高坝洲及更多的水利工程在安全运行、排险方面做出了重大贡献。

雷志栋

——心系清华　水润天山

■ 他第一次从新疆归来就为那里的水资源忧心忡忡，为生病的教师跑前跑后，与同事一起为学生清扫厕所，做了院士后也一直想着“协助年轻人做点事情”……雷志栋担任清华大学水利系系主任时，正值90年代出国热。当时他为自己定下了三个任期目标：让更多毕业生到国家水利部门工作；让青年教师更快成长；让系里的办学条件得到改善。他的笑声总是那么爽朗轻松，然而这三个目标却体现出那样沉甸甸的一份责任，不能不令人感怀。

雷志栋

雷志栋（1938—2015），湖南澧县人，中共党员，农田水利和水资源专家、水利工程教育家，中国工程院院士。1960年他从清华大学水利系本科毕业，1965年研究生毕业，之后留校任教。

雷志栋主要从事土壤水、四水（大气水、地表水、土壤水、地下水）转化和农田水利、水文水资源的应用基础研究，并将其应用于节水灌溉和灌区水资源合理配置与利用。他主编的《土壤水动力学》一书，曾获水利部优秀科技图书奖一等奖。

雷志栋多年来在土壤水和农田灌溉方面开展了开创性的研究工作，创新了水运行模式，对推动中国土壤水问题研究和农田水利学科发展做出了重要贡献。在从事理论研究的同时，他始终在一线工作，走遍了北方干旱、半干旱区，对地下水资源科学评价与合理利用进行了较深入的研究。

雷志栋长期与新疆叶尔羌、宁夏青铜峡和山东位山等特大型灌区保持密切的工作联系，做现场监测实验、灌区节水改造规划，进行用水管理和灌溉信息化建设，为这几个灌区的水资源改善奉献了精力和心血。根据干旱-半干旱区灌区的特点，他提出的水资源平衡、盐分平衡等的分析思路和方法，在理论和应用方面均具有重要价值。

1992 年起，雷志栋带领团队走进新疆，极具前瞻性地选择在新疆开展水文水资源研究。在六年多的时间里，他和团队不仅建立了绿洲灌区的水盐监测系统，而且研究了当地水资源消耗的过程和机理、绿洲灌区盐分的三个去向，建立了干旱区绿洲灌区四水转化模型。更为重要的是，在《叶尔羌河灌区续建配套与节水改造规划》的编制过程中，原提出要扩大灌溉面积，后来应用四水转化研究成果，针对扩大灌溉面积对生态的影响进行了分析，并据此提出减少开荒 140 万亩(1 亩约为 666.7 平方米)的措施，既节省了上亿元的垦荒投入，又很好地维护了自然生态。

在国家“九五”科技攻关项目的支持下，雷志栋率领团队对塔里木河干流的整治及生态环境保护进行了研究，分析了 1955—1995 年源流和干流年水量的趋势变化，提出了干流河道水均衡、水资源转化消耗模型和干流水资源配置方案，成为国务院批准投资的“塔里木河近期综合治理”工程的一项前期性工作。2002 年，他的著作《叶尔羌河平原绿洲四水转化关系研究》和《塔里木河干流整治及生态环境保护研究》同时获国家科技进步奖二等奖。

吴中如
——大坝安全的守护人

■ 在战火纷飞的年代里，由于父母多次掩护抗日游击队员，家被日本兵抄了许多次，无奈之下，父亲只好带着身怀六甲的母亲在太湖上东躲西藏，直到秋天，在茂密的芦苇丛中生下了他。童年时，为了不被抓壮丁，父亲划着小船带他在太湖里躲避。每每回忆起历经磨难的童年生活，吴中如感慨万千："我的童年就是在两次战争中度过的，所以，我一直有种责任感和使命感，要把自己的事业跟祖国的繁荣富强结合起来。"

吴中如

吴中如，1939 年出生于江苏宜兴，中共党员，水工结构专家，中国工程院院士，河海大学教授、博士生导师。

1963 年，吴中如从华东水利学院（现河海大学）水工专业毕业后，先后在水利水电科学研究院水文所、豫北试验站工作；1969—1975 年在河南省济源市铁山河水库、新乡地区电业局工作；1975—1979 年任职于江苏省徐州电厂工程建设指挥部；1979 年担任河海大学教授、学术委员会主任；1986 年加入中国共产党；1997 年当选为中国工程院院士。

吴中如长期从事水工结构、大坝安全监测与监控领域的教学和科研工作，他为中国大坝构建起一套安全防护体系。

吴中如在国际上首次提出综合实测资料，用小概率法、黏弹性和黏弹塑性理论及方法拟定变形监控指标。这些研究成果被国内包括三峡大坝在内的几乎所有大坝工程应用，时刻守护着一座座大坝的安全。

吴中如首次提出并研制了大坝安全综合评价专家系统，该系统由“一机四库”（综合推理机、知识库、数据库、方法库、图库）组成，充分利用人工智能技术，应用和开发现代计算机的先进软硬件，对大坝安全进行全过程的综合分析、评价和辅助决策，对实时监控大坝安全起到了重要作用。

吴中如建立了完整的大坝监控模型体系，提出和建立了确定性模型和混合模型以及基于混沌理论、模糊数学、灰色系统和神经网络等的监控数学预报模型，在大坝监控领域得到广泛应用。他发展和完善了反分析理论和方法，综合实测资料及理论分析，反演变形、热力学、断裂、渗透等物理力学参数，这些理论和技术对完善坝工理论、提高数值模型精度有着重大的理论和实用价值。

在河海大学，吴中如培养了一大批活跃在水利战线上的人才，他为研究生主讲“水工建筑物安全监控理论及其应用”“大坝安全综合评价专家系统”等课程，毕业生中有许多人成为我国水利水电教学、科研和设计中的骨干。

吴中如先后获国家、省（部）级科技进步奖多项。其中，“混凝土坝变形观测量的数学模型研究及其应用——安全监测与预报”获 1990 年国家科技进步奖三等奖，“高坝安全监测技术及反馈”（负责 7 个子题中的 4 个子题）获 1995 年国家科技进步奖二等奖，“大坝与坝基安全监控理论和方法及其应用研究”获 2004 年国家科技进步奖二等奖，“重大水工混凝土结构隐患病害检测与健康诊断研究”获 2007 年国家科技进步奖二等奖。

郑守仁

——仁者巨匠 “工地院士”

■ 50多年来，郑守仁不忘初心，始终践行着入党誓言。他把党、国家和人民的利益看得高于一切。他长年以工地为家，被称为“工地院士”。他坚持在春节、国庆节等节假日值班。在罹患癌症后，他仍坚持边治疗、边工作，常年超负荷、高强度运转。每逢遇上洪涝等自然灾害，他总是带头捐款，汇款单上只写“长江委一职工”，他的稿费、讲课费等，大部分都用于集体福利事业或捐给生活困难的同事。

郑守仁（1940—2020），安徽颍上人，中共党员，水利水电工程专家，中国工程院院士，曾任长江水利委员会总工程师、三峡工程勘测设计代表局局长。

郑守仁

郑守仁出生于安徽省颍上县淮河边的一个小镇，在童年时就目睹和经历了淮河水患之苦，所以立志长大后要成为一名水利工程师。

1958年，郑守仁考入华东水利学院（现河海大学）河川枢纽及水电站水工系学习。1963年始，大学毕业的郑守仁和其他年轻人来到了陆水蒲圻水利枢纽，在这个三峡的试验坝工地得到了锻炼和磨砺，他也做好了在大江大河上一展才华的准备。由于出色的表现，他在陆水蒲圻这片热火朝天的工地上，光荣地加入了中国共产党。

1969年，郑守仁被任命为乌江渡勘测设计大队导流专业组组长，主持导流和围堰的设计工作。在乌江渡，他成功设计了我国第一座水下施工的混凝土拱形围堰，其成为他水利生涯的第一个里程碑。

郑守仁 1974 年加入葛洲坝工程建设。他用“守点顾线”的防冲设计，成功地在长江中修建土石纵向围堰，该成果也应用于三峡工程一期土石围堰设计；他主持了大江截流及二期围堰设计，提出“钢筋石笼”龙口护底方案，大大减少进占抛投料的流失，完成了大江截流的历史任务，获国家优秀设计奖。葛洲坝二、三江工程获国家科技进步奖特等奖。1986 年，他任长江流域规划办公室副总工程师兼隔河岩设计代表处长，让隔河岩水电站大坝——中国首座上重下拱复合型大坝矗立在碧绿澄澈的江水之中，成为当年水电建设的“五朵金花”之一，获国家优秀工程设计奖金奖。

三峡工程大江截流

1994 年，三峡工程进入了施工建设时期。从以完成大江截流为标志的一期工程，到以实现左岸电厂发电和永久船闸通航为标志的二期工程，再到最后以实现全部机组发电和工程全面竣工为标志的三期工程，郑守仁全面负责起了这个世界上最大的水利工程的建设工作，他任三峡工程勘测设计代表局局长兼总工程师，主持研究解决工程施工建设过程中所有与设计有关的工程技术问题。1997 年，三峡工程完成了大江截流，并获国家优秀设计奖金奖，其技术成果荣获国家科技进步奖一等奖，跻身于 1997 年世界十大科技成就之列。

郑守仁多次被评为优秀共产党员，两次被评为水电部、水利部特等劳模；获全国总工会五一劳动奖章；1989 年被国务院授予“全国先进工作者”称号；1994 年被人事部授予“有突出贡献的中青年专家”称号；获“隔河岩工程特殊贡献者”“三峡工程优秀建设者”称号；获国际大坝委员会终身成就奖；2019 年，获“新中国最美奋斗奖”……他被誉为“当代大禹”“三峡的脊梁”“大坝基石”。

张超然

——“三峡精神”践行者

■ 张超然刻苦钻研专业技术，坚持原则，淡泊名利，义无反顾地选择支援西部水利建设，用自己的言行诠释科学精神，为三峡工程、溪洛渡、向家坝、白鹤滩、乌东德工程建设做出了突出贡献。他经常说，做总工程师就是要敢负责。这是他对自己的工作责任和决断极其看重的一个表现。他塑造、践行着“三峡精神”，在祖国的江河中不计回报地奉献着，见证着中国水电发展的一座座里程碑。

张超然

张超然，1940 年出生于浙江温州，中共党员，水利水电工程专家，中国工程院院士，毕业于清华大学水利工程系，历任中国长江三峡集团有限公司科学技术委员会主任、二滩水电站设计总工程师、成都勘测设计研究院总工程师、中国长江三峡工程开发总公司总工程师。

在毕业分配时，张超然放弃了高等院校和工程院提出的优厚待遇，毅然选择前往西部，投身西部水利建设。从此他陪伴祖国的大江大河 50 余年，主持或参加建设的水电装机量占全国总量的 1/3。

1996 年，张超然担任中国长江三峡工程开发总公司总工程师。到任时，他详细了解三峡工程的资料，花了近一个月的时间，理出头绪。他明白，三峡工程汇集了我国多年的科研成果，只有吃透这些资料，才能真正做到对三峡工程负责。担任总工程师时，张超然严控质量关，严格执行标准，始终把质量放在首位，为三峡工程尽心尽责。他仔细核实每一个数据，以翔实的数据和案例为每一个建议做支撑。经过不懈努力，最终他和科研人员一一攻克技术难题，为保证“千年大计、国运所系”的三峡工程建设质量付出了辛劳和智慧。

三峡水利枢纽工程

三峡工程成功实现初期运行后，张超然又投入溪洛渡、向家坝水电站工程的建设中，近十年时间，他一直奔波往返于长江三峡和金沙江之间，直到2014年洛溪渡、向家坝水电站全面投产。而后，张超然再次投身于金沙江水电建设，面对建设中的问题，他迎难而上，查阅大量资料，在水电建设岗位上继续发光发热。

张超然一丝不苟、勤勉认真的工作精神还体现在他的工作笔记——“本本”。一摞摞“本本”是张超然多年的工作笔记，里面密密麻麻地记录着各类工程数据，工工整整，日积月累，形成了海量“大数据”，成为他深入分析研究并随时掌控大坝建设和运行情况最宝贵的第一手资料。

张超然一生与江河为伴，潜心于水电事业，深入一线，亲力亲为，工作中求真务实，一丝不苟。他是“三峡精神”的践行者，更是“三峡精神”的塑造者。

马洪琪

——半世奔波勤治水

■ 马洪琪是一位淳厚和善的长者，是一位笃信责任和奉献，长期与高山、大江打交道的行业领军人。他不畏艰险、勇于创新，在他的工作版图上，矗立着无数电站，山谷中的电花灿然绽放。水利水电工作，在很多人看来是深奥、枯燥且艰苦的，可马洪琪在这个领域乐此不疲，佳绩频传。

马洪琪，1942年出生于上海，中共党员，水利水电施工专家，中国工程院院士，毕业于清华大学水利系，华能澜沧江水电股份有限公司高级顾问，中国水利水电第十四工程局总工程师、局长，澜沧江水电有限公司总工程师；获国际大坝委员会终身成就奖。

马洪琪

1967年，25岁的马洪琪只身一人来到云南。他说："云南有着丰富的水能资源，我们水电人就应该和江河在一起。"1989年，47岁的马洪琪参与领导建设中国第一座也是当时世界最大的抽水蓄能电站——广州抽水蓄能电站。2001年，59岁的马洪琪全身心投入"世界最难"的小湾水电站建设中，研究复杂的地质条件，挑战尖端技术难题，推动世界拱坝向300米级跃升。

马洪琪从事水利水电工程建设达54年，他从水电站一线工人做起，参加和主持了30余座大型水电工程建设，在高坝建设、地下工程、高坝通航等领域成功克服了诸多世界级重大技术难题，成为推动我国水利水电工程技术领先世界的领军人物。

在高拱坝建设方面，马洪琪围绕小湾水电站的重大技术问题，协同攻关，建立了特高拱坝关键技术体系，引领高拱坝建设迈上300米级台阶。小湾水电站获国际里程碑工程奖、国家优质工程奖金质奖和中国土木工程詹天佑奖。研究成果在锦屏一级水电站、溪洛渡水电站和白鹤滩水电站等高拱坝建设中广泛应用。

在高土石坝安全建设方面，马洪琪首次成功研发了“数字大坝”系统，是世界大坝建设质量控制技术的重大创新。研究成果在两河口、双江口和长河坝等高土石坝建设中成功运用。

在高碾压混凝土坝建设方面，马洪琪研发建成了一套施工质量智能控制及管理信息化系统，成功运用于中国最高的黄登碾压混凝土坝（高203米），促进碾压混凝土坝技术迈向新台阶。

小湾水电站

在高坝通航技术方面，依托景洪升船机建设，马洪琪带领团队发明了一种利用水能作为提升动力和安全保障措施的水力式升船机。其技术被评为“中国发明的水力式升船机从原理上突破了传统升船机的技术瓶颈，更具技术优势，是升船机历史上一个重要里程碑事件”，成果获国家技术发明奖。

在地下工程方面，马洪琪提出了地下洞室群施工规划的基本原则和安全建设的五项关键技术，实现了工程安全优质建设，研究成果被普遍采用。

高安泽
——尽心尽力为人民

■ 高安泽心中装着人民，在他心中，群众利益无小事。他工作恪尽职守，认真对待每一项工程，兢兢业业。正如他的入党志愿书所写，在任何时候、任何情况下，都要把党和人民的利益看得高于一切，个人利益服从党的利益，比非党员同志尽更多的义务，做更多的工作，挑更艰苦沉重的担子，以至必要时不惜牺牲自己的一切，包括自己的生命。

高安泽，1942 年出生，浙江乐清人，毕业于清华大学，中共党员，中国工程设计大师，水利部原总工程师。

高安泽

高安泽同志长期从事水利水电工作，几十年来，他始终把党和人民的利益放在第一位，为水利水电建设做出了突出贡献，两次获中央国家机关工委“优秀共产党员”荣誉称号。

高安泽硕士毕业后不久，接下了主持二滩水电站初步设计中水工专业设计的重任。在这段时间里，高安泽亲自设计软件模型，推导所需公式，整日整夜地待在计算机房里。成都勘测设计研究院的同事评价说：“为了二滩工程，高院长几乎把命搭进去了。”高安泽主持完成的二滩水电站设计方案获得了专家学者的好评，获得了水电部优秀设计奖一等奖。在他支持和参与下编写的“抛物线双曲拱坝试载法程序”，获得原水电总局优秀设计奖一等奖。

高安泽参加我国多项水电工程规划，参与组织了黄河的重大问题与对策、首都水资源规划、新疆塔里木河生态与环境问题及其对策、全国水资源保护规划以及嫩江、辽河、太湖、淮河、珠江流域防洪建设意见的审查；主持了四川岷江紫坪铺水利枢纽的环境评价再论证工作；参与了北京十三陵抽水蓄能电站、黄河李家峡水电站等水库蓄水前的安全鉴定工作，全国防洪规划"十五"水利专项规划的编制组织工作，南水北调总体规划编制的组织工作，三峡水利枢纽二期工程的技术预验收工作和三峡水利枢纽三期工程的质量检查等工作。

雅砻江二滩水电站

高安泽注重调查研究，对人民高度负责。他深入实地调查，编制审查了黄河、淮河、海河、太湖、嫩江、松花江、黑河、塔河等的 40 多项防洪规划及水资源规划，组织了为解决北方地区缺水问题而进行的 13 项重大专题研究以及天津引黄济津工程等十多项前期工作，为新时期水利现代化建设打下了良好基础。

陈祖煜

——躬身实践绘山河

■ 1992 年起，陈祖煜一直在为中国召开国际滑坡会议不懈努力，先后赴新西兰、英国等地参加申办工作。经历了两次失败，陈祖煜于 2004 年又一次踏上了征途，这次终于成功申请到第十届国际滑坡会议的主办权。他动情地表示，我国工程地质界和岩土工程界终于圆了一个长达 12 年的梦。遥望北天，他为伟大的祖国感到自豪和骄傲！

陈祖煜

陈祖煜，1943 年出生于重庆，水利水电、土木工程专家，中国科学院院士，中国水利水电科学研究院教授级高级工程师。

1966 年，陈祖煜毕业于清华大学水利系。毕业后，他曾有十余年在水利水电的第一线从事地基处理和水库的设计、施工工作。1979 年作为我国第一批访问学者之一赴加拿大阿尔伯塔大学进修，师从于著名的土力学专家 Morgenstern 教授。在两年的留学生涯中，他旁听了土木系岩土专业的全部研究生课程，同时开展研究。1981 年陈祖煜回国后即进入中国水利水电科学研究院工作。

陈祖煜早期在理论和分析计算方法两个方面完善了边坡稳定分析领域中著名的 Morgenstern-Price 法。其主要贡献为对这一方法的数学力学表达和理论内涵做出了重要改进，给出了力和力矩平衡方程式的解析解，并根据剪应力成对原理提出了求解该方程所必需的边界条件。用严格的解析方法推导出土体力和力矩平衡微分方程式，并获得闭合解；推导了用牛顿法求解力和力矩平衡方程所需的各项导数的计算公式，解决了各种稳定分析严格方法长期未能解决的数值计算收敛困难的问题；提出对土条侧向力的假定必须满足的边界条件，以保证剪应力成对原理不受破坏，以此全面改进了在边坡稳定分析领域中具有重要学术地位的 Morgenstern-Price 法。

在从事理论研究工作的同时，陈祖煜一直十分重视研究和解决工程建设中有关建筑物和边坡抗滑稳定的问题。1989 年，正在建设中的天生桥和漫湾水电站发生滑坡，他作为电力部重点科研项目的主要参加人和负责人，在全面分析滑坡机理的基础上提出了正确的边坡抢险和加固对策，使工程摆脱了困境，确保了工程顺利进行。

漫湾水电站

陈祖煜长年奔波于滑坡和水电建设工地，在韩城、漫湾、天生桥二级、二滩、天荒坪、大水沟、恶滩等工程面临滑坡险情时，亲赴现场，运用他渊博的知识协助解决难题。他曾任三峡、小浪底、李家峡、东风、宝珠寺、徐村、紫坪铺等大型水利工程的大坝安全鉴定专家组成员。

1998 年以来，他作为世界银行长江干堤加固项目督导团成员，先后九次赴现场检查设计和施工质量，在工程咨询中，他充分运用科研工作中创造性的理论成果和丰富经验，解决工程决策中的难题，如应用他关于 Sarma 法忽视了条间作用力方向两种可能性的发现，纠正了三峡工程三坝段抗滑稳定分析中一个不正确的结论；应用他在土压力和三维分析方面的研究成果，论证宜兴抽水蓄能电站混合坝的可行性等。

参考文献

[1] 钱伟长，周干峙. 20世纪中国知名科学家学术成就概览·土木水利与建筑工程卷：第二分册[M]. 北京：科学出版社，2015.

[2] 高鸿. 一代水圣李仪祉[M]. 北京：作家出版社，2017.

[3] 胡步川. 李仪祉先生年谱[M]. 南京：河海大学出版社，2019.

[4] 郑大俊. 群星璀璨[M]. 南京：河海大学出版社，2002.

[5]《张含英治河论著拾遗》编辑组. 张含英治河论著拾遗[M]. 郑州：黄河水利出版社，2012.

[6] 李焕章. 王化云与小浪底[M]. 郑州：黄河水利出版社，2015.

[7] 潘静. 话说河海[M]. 南京：河海大学出版社，2015.

[8] 林一山. 林一山回忆录[M]. 武汉：长江出版社，2019.

[9] 王光纶. 情系山河：张光斗传[M]. 北京：中国科学技术出版社，2014.

[10] 赵继伟，等. 从红壤到黄土：朱显谟传[M]. 北京：中国科学技术出版社，2013.

[11] 陈宗梁. 李鹗鼎纪念文集[M]. 北京：中国电力出版社，2004.

[12] 程晓陶，王连祥，范昭，等. 智者乐水：林秉南传[M]. 北京：中国科学技术出版社，2014.

[13] 戴勇，王平，金文华. 探究河口 巡研海岸：陈吉余传[M]. 北京：上海交通大学出版社，2015.

[14] 中国水力发电工程学会，中国电力建设集团有限公司，中国水利水电第八工程局有限公司. 从江河里走来的院士：谭靖夷纪念文集[M]. 北京：

中国水利水电出版社,2017.

[15] 蒋彩虹.治水将军文伏波[M].武汉:长江出版社,2020.

[16] 周君亮.周君亮自传[M].北京:科学出版社,2018.

[17] 南京水利科学研究院.徐乾清院士文集[M].北京:中国水利水电出版社,2016.

[18] 李荣庆,杨林虎.水运人生:刘济舟传[M].北京:中国科学技术出版社,2017.

[19] 中国水力发电工程学会.罗西北纪念文集[M].北京:中国电力出版社,2006.

[20] 鲁顺民.潘家铮传[M].北京:中国电力出版社,2016.

[21] 鲁顺民.朱伯芳院士传[M].北京:中国电力出版社,2018.

[22] 陈厚群.陈厚群自传:追梦人生[M].北京:科学出版社,2018.

[23] 陈德基.踏遍青山人未老:陈德基文集选[M].北京:中国水利水电出版社,2018.

[24] 靳怀堾,陈松平.长江之子郑守仁[M].武汉:长江出版社,2020.

[25] 胡步川.李仪祉先生遗著[M].南京:河海大学出版社,2020.

[26]《左东启先生纪念文集》编委会.左东启先生纪念文集[M].南京:河海大学出版社,2019.

[27] 中国科学院地质与地球物理研究所.谷德振地质生涯[M].北京:地质出版社,2014.

[28] 刘军.勘察卫士崔政权[M].武汉:长江出版社,2020.

[29] 吴琳,杜佳.九旬院士林皋:“还要向更高峰迈进”[N].光明日报,2019-11-18(1).

[30] 刘苏峡,梁季阳,刘树勇,等.为水之昌明[N].中国科学报,2018-03-19(8).

[31] 任乐云.仰望科学天空 名利淡若尘埃:缅怀中科院院士、中国水利水电科学研究院汪闻韶[N].中国水利报,2010-05-28(7).

[32] 霍忠义,王景荣,郑飞敏.李佩成:踏遍青山人未老[N].中国科学

报,2017-08-28(8).

[33] 唐婷.陈厚群:追梦人生 把论文写在大坝上[N].科技日报,2021-01-13(1).

[34] 何平.徐麟祥:最早进入灾区的72岁工程设计大师[N].光明日报,2008-05-29(7).

[35] 王学.张蔚榛:国内外渗流理论大家[N].中国科学报,2016-08-01(8).

[36] 胡士祥,贯文龙,唐宏伟.谢世楞:港之兴[N]//心系祖国 无私奉献——记三位情牵交通事业的知识分子.光明日报,2008-12-23(7).

[37] 张智峰.水利专家武同举[J].江苏地方志,2010(3):49-51.

[38] 佚名.施嘉炀——教科双馨育桃李[J].河北水利,2017(8):34.

[39] 刘维荣,士心.情系苏淮大地的水利工程专家——访中国工程院院士、“中国工程设计大师”周君亮[J].档案与建设,1999(9):14-15+21.

[40] 汤耀垣.志在降服江河泥沙——记中国工程院院士、武汉水利电力大学博士生导师谢鉴衡教授[J].政策,1998(3):46-47.

[41] 刘国纬.徐徐清泉 翠竹幽兰——纪念著名水利专家徐乾清院士[J].水科学进展,2011,22(1):147-150.

[42] 田灵燕,杨桦.科研工作者要急国家之所急——访中国工程院院士陈志恺[J].中国水利,2008(21):19-20.

[43] 徐德平.走遍江海人未老——访水道和港口工程专家、中国工程院院士梁应辰[J].中国科技奖励,2006(2):36-40.

[44] 伏爱萍,李国强.燃尽自己 照亮别人——中南勘测设计研究院原总工程师王三一[J].湘潮,2005(1):39-43.

[45] 刘凤才.迢递征程岂堪止——记中国工程院院士陈明致[J].中国水利,1996(12):42-43.

[46] 宁桂玲,孔艳梅,顾倩.邱大洪:与“海”结缘[J].民主与科学,2020(2):12-17.

[47] 陈灵若.访钱宁教授[J].中国水利,1982(1):46-47.

[48] 贾丹，芮原．钱正英的不懈追求[J]．党史文汇，2013(5)：27-30.

[49] 田灵燕．抓住重大前沿课题 脚踏实地 深入研究——访中国工程院院士韩其为[J]．中国水利，2008(21)：21-22，11.

[50] 刘冬梅，孙哲．水利水电工程专家中国科学院院士张楚汉[J]．北京教育(高教版)，2002(2)：1.

[51] 龙章清．水电专家罗绍基院士[J]．同舟共进，2000(5)：49.

[52] 陆佑楣．为我中华 志建三峡[J]．湖北政报，1994(3)：38.

[53] 李民权，王月娥．踏遍青山人未老 搜尽奇峰绘新章——记全国工程勘察大师徐瑞春[J]．中国三峡建设，2007(2)：83-86.

[54] 佚名．终身奋斗在岩土一线——葛修润院士(三)[J]．岩石力学与工程学报，2013，32(6)：1297-1298.

[55] 张莞昀．情系山水 缘结绿洲——记中国工程院院士、清华大学教授雷志栋[J]．中国高校科技与产业化，2008(5)：45-47

[56] 陈陵．中国近代水利事业的奠基人郑肇经[J]．档案与建设，2014(2)：57-60.

[57] 侯全亮．李赋都[J]．水利天地，1990(6)：2.

[58] 白苹．江河情怀——访中国工程院院士、华能澜沧江公司原高级顾问马洪琪[J]．中国能源，2019，41(12)：25-27.

[59] 黎鹰．实践诺言——记电力部水电水利规划设计总院院长高安泽[J]．紫光阁，1995(8)：28-29.

[60] 田灵燕，杨桦．专心研究 执著探索 推动水利科技不断进步——访中国科学院院士陈祖煜[J]．中国水利，2008(21)：25-26.

[61] 曾鸿钧，张瑾．“超然”的抉择——记中国长江三峡集团公司原总工程师张超然院士[J]．当代电力文化，2015(3)：38-41.

[62] 金晓霞．一代地质学家的情怀(上)——记中国工程院院士卢耀如[J]．中国减灾，2011(7)：55-57.

[63] 金晓霞．一代地质学家的情怀(下)——记中国工程院院士卢耀如[J]．中国减灾，2011(9)：54-56.

[64] 天津市科协. 踏遍青山人未老——记著名水利专家曹楚生院士[J]. 科协论坛,2001(4):12-13.

[65] 中国水文地质工程地质勘察院,《中国岩溶》编辑部. 深切怀念胡海涛先生[J]. 中国岩溶,1998(4):34.

[66] 友衡. 为三峡奉献青春和智慧——记中国工程院院士刘广润教授[J]. 科学启蒙,2000(3):4-5.

[67] 晏丽. 情播三峡——记中国工程院院士刘广润[J]. 政策,2002(3):56-57.

[68] 刘红伟. 中国工程院院士张勇传　中国水电能源理论的开拓者[J]. 科技创新与品牌,2014(10)::8-11.

[69] 李国英. 纪念黄河老人张含英 推进治河事业新发展[EB/OL]. (2010-05-12)[2021-04-18]. http://www.chinawater.com.cn/ztgz/hy/jnzhy/201005/t20100512_118761.htm.

[70] 刘伟汉. 须恺:涓流不息[EB/OL]. (2018-05-28)[2021-04-18]. https://archives.hhu.edu.cn/2018/0528/c5352a172973/page.htm.

[71] 程宏. 寻访与钱学森同船回国的陆孝颐[EB/OL]. (2015-05-22)[2021-04-18]. http://www.bj93.gov.cn/wyhc/hjjj/201505/t20150522_218314.htm.

[72] 佚名. 致敬汪闻韶:中国土动力学和土工抗震研究的奠基者和创始人[EB/OL]. [2021-04-18]. http://www.chincold.org.cn/chincold/zt/ccqb/ccqb/webinfo/2018/06/1528341983916394.htm.

[73] 科普中国. 钱宁:学成归国,治理祖国的泥沙河流[EB/OL]. (2015-12-06)[2021-04-18]. https://tech.gmw.cn/scientist/2015-12/06/content_17958533.htm.

[74] 石廷修. 张蔚榛:献给大地的深情[EB/OL]. (2007-04-14)[2021-04-18]. https://news.whu.edu.cn/info/1005/24806.htm.

[75] 王建柱. 钱正英:水利情结[EB/OL]. (2014-05-06)[2021-04-18] http://www.cae.cn/cae/html/main/col36/2014-05/09/2014050916321632

2242364_1. html.

[76] 吕东光. 追忆赵国藩院士:土木结构一代宗师风范长存[EB/OL]. (2017-02-21)[2021-04-18]. http://news. sciencenet. cn/htmlnews/2017/2/368403. shtm.

[77] 赵鹰. 林皋院士:吾心与大坝同休戚[EB/OL]. (2008-11-04)[2021-04-20]. https://news. sciencenet. cn/htmlnews/2008/11/212807. html? id=212807.

[78] 陈婷,王申. 窦国仁:留苏十年 成就一生[EB/OL]. (2019-08-02)[2021-04-18]. http://news. sciencenet. cn/sbhtmlnews/2019/8/348358. shtm.

[79] 佚名. 茆智:农田水利专家享誉全球[EB/OL]. (2013-11-19)[2021-04-18]. http://swrh. whu. edu. cn/rwzf/2017-09-08/4398. html.

[80] 刘苏峡,刘树勇,吴永保,等. 为水之昌明:水文学家刘昌明院士的早期学习和科研经历回眸[EB/OL]. (2018-03-19)[2021-04-18]. http://news. sciencenet. cn/htmlnews/2018/3/406018. shtm.

[81] 佚名. 党员楷模 大师风范——崔政权同志的先进事迹[EB/OL]. (2007-07-04)[2021-04-18]. http://www. chinawater. com. cn/ztgz/xwzt/2007ymkm/3/200707/t20070704_133260. htm.

[82] 佚名. 徐麟祥:为中国水利事业"补白"的设计大师[EB/OL]. (2005-06-28)[2021-04-18]. http://www. chinawater. com. cn/wh/rw/slzsx/200506/t20050628_16645. htm.

[83] 佚名. 记张超然:不断超越的水电人生[EB/OL]. (2014-02-13)[2021-04-20]. http://www. hydropower. org. cn/showNewsDetail. asp? nsId=11999.

[84] 中国大坝工程学会. 华能澜沧江公司马洪琪院士荣获国际大坝委员会终身成就奖[EB/OL]. (2019-08-13)[2021-4-18]. http://www. chincold. org. cn/chincold/news/webinfo/2019/06/19/1561955158951384. htm.

[85] 谈广鸣. 我眼中的大学教授:纪念张瑞瑾教授的 100 周年诞辰

[EB/OL]. (2018-03-07)[2021-04-08]. http://alumni. whu. edu. cn/info/1041/12721. htm.

[86] 佚名. 张楚汉院士:安全是水电站立命之本[EB/OL]. (2010-11-26)[2021-04-20]. http://www. hydropower. org. cn/showNewsDetail. asp? nsId=4044.

[87] 张立先. 解读葛洲坝[EB/OL]. (2016-06-18)[2021-04-20]. https://you. ctrip. com/travels/yichang313/3014148. html.

[88] 佚名. 卢耀如院士捐资 360 万元 设立"生态环境与地质工程激励基金"[EB/OL]. (2019-04-12)[2021-04-20]. https://news. tongji. edu. cn/info/1002/69289. htm..

[89] 孙懋德,程耿东. 钱令希:我国计算力学工程结构优化设计的开拓者[EB/OL]. (2005-10-23)[2021-04-20]. https://www. cas. cn/zt/rwzt/2009yldqx/qianlingxi/qlxjnwz/201003/t20100331_2810269. html.

[90] 佚名. 耄耋院士曹楚生与学生分享人生经历度过 90 岁生日[EB/OL]. (2015-06-03)[2021-04-20]. http://jgxy. tju. edu. cn/info/1074/1869. htm.

[91] 张铎. "我的青春,无法和祖国分开" 中国工程院院士王思敬的青春故事[EB/OL]. (2018-05-04)[2021-04-20]. https://baijiahao. baidu. com/s? id=1599538606844107686&wfr=spider&for=pc.

[92] 佚名. 崔政权同志先进事迹[EB/OL]. (2009-09-22)[2021-04-20]. http://slwm. mwr. gov. cn/slkm/200909/t20090922_1102. html.

[93] 佚名. "工地院士"郑守仁逝世,他用一生守护三峡大坝[EB/OL]. (2010-11-26)[2021-04-20]. https://baijiahao. baidu. com/s? id=1673276116306099981&wfr=spider&for=pc.

[94] 佚名. 移民近 14 万人,1.5 万人建成的湖南第一颗"红宝石",壮美迷人[EB/OL]. [2021-12-21]. https://view. inews. qq. com/a/20211229A09WJ200.

[95] 中国科学院官网:http://casad. cas. cn/.

[96] 中国工程院官网:http://www.cae.cn/cae/html/main/index.html.

[97] 河海大学官网:https://hhu.edu.cn/.

[98] 百度百科:https://baike.baidu.com/.

[99] 巫山县人民政府官网:http://cqws.gov.cn/.

[100] 陕西省泾惠渠灌溉中心官网:http://www.sxjhj.cn.